DIEDERICHS
GELBE REIHE

Loden Sherap Dagyab Rinpoche

Buddhistische Glückssymbole im tibetischen Kulturraum

Eine Untersuchung der neun bekanntesten Symbolgruppen

Eugen Diederichs Verlag

Die Deutsche Bibliothek – CIP-Einheitsaufnahme
Dagyab, Loden Sherap:
Buddhistische Glückssymbole im tibetischen Kulturraum : eine Untersuchung der neun bekanntesten Symbolgruppen / Loden Sherap Dagyab Rinpoche. – München : Diederichs, 1992
(Diederichs Gelbe Reihe ; 93 : Tibet)
ISBN 3-424-01122-3
NE: GT

Umschlaggestaltung: Zembsch' Werkstatt, München
Produktion: Tillmann Roeder, München
Satz: Uhl+Massopust, Aalen
Druck und Bindung: Pressedruck, Augsburg

ISBN 3-424-01122-3

Printed in Germany

Inhalt

VORWORT

Die tibetische Kultur war mehr als tausend Jahre lang durchdrungen und geprägt von einer reichen Spiritualität, in der buddhistisches Studium und tiefgründige philosophische Erkenntnis, intensive Meditationspraxis und schlichter Aberglaube friedlich nebeneinander existierten. Die religiöse Praxis erstreckte sich auf fast alle Bereiche des privaten und öffentlichen Lebens, und sie war keineswegs nur in den Klöstern zu Hause, sondern auch in den Häusern der Bauern und Händler und in den Zelten der Nomaden. In Tibet herrschte eine ganz eigene, kaum beschreibbare Atmosphäre, ein besonderes geistiges Klima, das allerdings von uns Tibetern kaum bewußt wahrgenommen wurde. Erst als die Klöster zerstört waren und viele von uns sich im Exil wiederfanden, stellten wir fest, wie sehr sich das Leben in anderen Ländern, vor allem in den Ländern des Westens, von dem unterschied, was wir kannten.

Tibeter neigen nicht gerade zur Sentimentalität. Sich in einer neuen Existenz zurechtzufinden, bereitete den meisten keine allzu großen Schwierigkeiten. Man hielt es auch nicht für notwendig, immer nur zurückzublicken und dem vergangenen Glück nachzutrauern. Aber natürlich zogen wir Vergleiche und dachten über die Unterschiede nach.

Auffallend war zunächst, daß auch die Menschen in den westlichen Ländern sich von Tibet offenbar ganz bestimmte Vorstellungen machten. Sogar heute noch scheint – trotz Tourismus und vielfältiger Informationsvermittlung durch die Medien – ein Bild von Tibet als dem geheimnisvollen Schneeland voller Magie und Mystik zu existieren. Dieser Eindruck drängt sich uns unter anderem auf, wenn wir beobachten, in welcher Weise Elemente der tibetischen Kultur in der Werbung eingesetzt werden, also in einem Bereich, wo Psychologie eine große Rolle spielt.

Was ist nun dran am Mythos »Tibet«? Haben die zum Teil abenteuerlichen Projektionen einen realen Kern? Wenn wir uns damit beschäftigen, stoßen wir unter anderem auf die eigenartige Wortschöpfung »Lamaismus«, die leider immer noch hier und da zu lesen ist. Da gibt es die einen, die allen Lamas sagenhafte übernatürliche Fähigkeiten zuschreiben, und die anderen, die derartige Schilderungen als Produkt der Phantasie abergläubischer Spinner mitleidig belächeln. Dabei herrschen jedoch nur verschwommene Vorstellungen darüber, was ein Lama überhaupt ist, ganz zu schweigen von Kenntnissen über die Grundlagen des indo-tibetischen Buddhismus, ohne den die tibetische Kultur nicht denkbar wäre.

Wenn wir nun diese Informationsdefizite beheben könnten, würde damit die Tibet-Faszination enden – oder erst richtig anfangen? In dieser Frage liegt eine Herausforderung, der ich mich gerne stellen möchte, indem ich in der vorliegenden Arbeit nicht nur Fakten zur tibetischen Symbolwelt liefere, sondern gleichzeitig tibetisches Denken und Fühlen beschreibe. Aus der Sicht eines Tibeters und Lamas möchte ich Herkunft und Hintergrund von einigen der bekanntesten Symbolgruppen für westliche Leser verständlich machen, wobei mir, wie ich hoffe, die Erfahrungen von mehr als zwanzig Jahren Deutschlandaufenthalt zugute kommen werden.

Mit den Grundlagen der tibetischen Kultur und des tibetischen Denkens werde ich mich daher im ersten Teil der Einführung eingehend beschäftigen. Zur Verwendung der Symbole innerhalb dieses Bezugsrahmens sei hier nur folgendes vorweggenommen: Wir benutzen sie natürlich, um in konzentrierter Form einen Teil unserer äußeren und inneren Realität auszudrücken und uns an bestimmte Bedeutungszusammenhänge zu erinnern – aber nicht nur. Es handelt sich dabei auch um einen Akt der Beeinflussung der zukünftigen Realität, nicht mehr und nicht weniger. Wie wir uns das vorstellen und wie es funktioniert, sehen wir uns im zweiten Teil der Einführung genauer an.

Um Symbole zu bezeichnen, verwenden wir im Tibetischen, je nach Blickwinkel, verschiedene Termini. Die bekanntesten sind *rtags* (Vorzeichen, Anzeichen), *mtshan-ma* (Merkmal) und vor allem der Begriff *rten-'brel* (gesprochen: *tendrel*), der eine solche Fülle von Bedeutungsmöglichkeiten und Assoziationen umfaßt, daß er nicht ohne weiteres mit einem Wort wiederzugeben ist. Er ist zusammengesetzt aus *rten* (Stütze) und *'brel* (Abhängigkeit, Bedingtheit) und deutet so darauf hin, daß alle Erscheinungen miteinander verknüpft und voneinander abhängig sind. Nichts existiert also von seiner eigenen Seite her, aus sich selbst heraus. Diese »Leerheit von inhärenter Existenz« *(stoṅ-pa-ñid, skr. śūnyatā)* ist ein wesentlicher Bestandteil der buddhistischen Lehre, wir werden noch ausführlich damit zu tun haben.

Wer nach buddhistischer Auffassung Leerheit und Bedingtheit realisiert hat, erfaßt die Wirklichkeit »wie sie ist«, frei von entstellenden Konzepten. Mit dem Erlöschen aller Illusionen und fehlerhaften Konzepte endet auch das Leiden. Kein Wunder also, daß im Kontext der tibetisch-buddhistischen Kultur schon die bloße Erinnerung an die Leerheit/Bedingtheit als im höchsten Maße glückbringend gilt.

So wird es auch nicht überraschen, daß der Begriff *tendrel* nicht nur als Fachterminus in philosophischen Erörterungen verwendet wird, sondern auch in den normalen Sprachgebrauch Eingang gefunden hat. Er bedeutet dann soviel wie glückliches Zusammentreffen von Umständen, glückverheißendes Zeichen, glückliche Vorbedeutung etc. Ferner wird der Ausdruck auch angewendet auf bestimmte Handlungen, Gegenstände, bildliche Darstellungen oder Formen des sprachlichen Ausdrucks, die eher als andere geeignet sind, auf das Bedingtsein im Zusammenhang mit wünschenswerten positiven Ergebnissen hinzuweisen, es zu verdeutlichen oder zu repräsentieren.

Natürlich sind im Grunde alle Erscheinungen, alle Farben, Formen, Bewegungen und Laute, alle Geruchs-, Geschmacks- und Tasteigenschaften, kurz: alle Elemente unserer Realität *tendrel*. Schließlich können wir jede beliebige Erscheinung benutzen, um uns die Bedingtheit und Leerheit mit allen dazugehörigen Konsequenzen zu vergegenwärtigen. Dies kommt besonders bei den »Fünf Qualitäten des Genusses« (siehe S. 133ff.) zum Ausdruck. Dennoch wird von bestimmten Objekten angenommen, daß sie stärker mit Bedeutung »aufgeladen« sind als andere. Die neun Symbolgruppen, die für die vorliegende Untersuchung ausgewählt wurden, bestehen aus solchen Objekten, und wir werden uns mit ihrer Herkunft, Bedeutung und Verwendung ausführlich beschäftigen. Im tibetischen Kulturkreis verwendet man sie gern als symbolische Gaben bei wichtigen Anlässen wie Hochzeit, Geburt, Reiseantritt oder Neujahrsfest, um Positives zu bewirken. In diesem Sinne kann sogar die einfache Handlung des Versendens einer Glückwunschkarte, auf der diese Symbole abgebildet sind, *tendrel* sein. Die Gewohnheit, vorgedruckte Glückwunschkarten zu versenden, haben die Tibeter erst im Exil von anderen Völkern übernommen. Als Motive werden überwiegend Darstellungen aus der traditionell tibetischen, vor allem der religiösen Kunst verwendet. Einige solcher Karten, von denen ich im Laufe der letzten 30 Jahre eine Sammlung zusammentragen konnte, sind als Beispiele abgebildet und kommentiert. Sie gaben den Anlaß für die vorliegende Arbeit.

Tendrel kann also sowohl ein Symbol sein, im Hinblick auf die angestrebte Wirkung, wie auch ein Vorzeichen, im Hinblick auf eine Ursache oder einen Begleitumstand, der sich jetzt manifestiert und mit einer späteren Wirkung in Zusammenhang zu bringen ist. Um diesen beiden Blickwinkeln gerecht zu werden, habe ich den Begriff *tendrel* je nach Zusammenhang mit »Symbol« oder mit »Zeichen« übersetzt. Für die Verwendung solcher Zeichen in Ritualen und die dadurch erzielten Ergebnisse werde ich bei der Behandlung der einzelnen Gruppen ebenfalls Beispiele anführen, wobei ich nur hoffen kann, daß es mir gelingt, anhand der

Erklärungen der tibetischen Originaltexte, ergänzt durch Kommentierungen, die Faszination, die von ihnen ausging, wenigstens teilweise zu vermitteln.

Wegen der Fülle des Materials – insbesondere an tibetischen Originaltexten, die sich mit *tendrel* befassen – habe ich mich in dieser Arbeit nur auf die bekanntesten Symbolgruppen konzentriert und Einzelsymbole, soweit sie nicht zu einer der behandelten Gruppen gehören, unberücksichtigt gelassen. Die zur symbolkundlichen Interpretation herangezogenen Texte werden jeweils an der betreffenden Stelle übersetzt oder paraphrasiert, kommentiert und zum Teil zitiert. Den tibetischen Begriffen werden, soweit möglich, auch ihre Sanskrit-Entsprechungen beigegeben, die dem *Mahāvyupatti* oder, gelegentlich und mit Vorbehalt, dem *Tibetan-English Dictionary of Buddhist Terminology* von Tsepak Rigzin entnommen sind. Die in den tibetischen Texten vorkommenden Sanskrit-Begriffe, wie zum Beispiel Mantras der Opferdarbringung, wurden entsprechend der tibetischen Schreibweise unverändert übernommen.

Zum methodischen Vorgehen möchte ich noch auf folgendes hinweisen: Diese Arbeit wurde ursprünglich als symbolkundliche Untersuchung nach westlich-wissenschaftlichen Maßstäben konzipiert und – was den beschreibenden Teil angeht – durchgeführt. Jedoch tauchten während des Bearbeitungsprozesses zahlreiche Fragen zur Bedeutung und Verwendung der Symbole auf, die sich in diesem Rahmen nicht mehr befriedigend beantworten ließen. Nach sorgfältigem Abwägen der verschiedenen Faktoren habe ich mich dann dafür entschieden, den erklärenden Teil durch Informationen zu ergänzen, die ich aus meinem eigenen kulturellen Hintergrund, aus der jahrhundertelang gelebten tibetisch-buddhistischen Tradition schöpfen konnte. Um sie vom Inhalt und von der Präsentation her möglichst unverfälscht so zu vermitteln, wie ich sie selbst erhalten habe, habe ich absichtlich und ausdrücklich darauf verzichtet, diese zusätzlichen Erklärungen nach westlich-wissenschaftlichen Gesichtspunkten aufzubereiten.

Diese Arbeit entstand im Rahmen des »Symbol-Projekts« des Sonderforschungsbereichs Zentralasien der Universität Bonn. An dieser Stelle möchte ich allen danken, die an ihrem Zustandekommen Anteil haben. Mein besonderer Dank gilt Prof. Dr. Klaus Sagaster, der die Fertigstellung durch zahlreiche Hinweise sehr gefördert hat.

Bonn, März 1992 *Loden Sherap Dagyab Rinpoche*

EINFÜHRUNG

Grundlagen tibetischen Denkens

Die buddhistische Lehre, das Fundament der tibetischen Kultur, ist vor allem in den letzten zwanzig Jahren in so vielen Veröffentlichungen dargelegt und kommentiert worden, daß ich mich hier auf die wichtigsten Stichworte beschränken kann: Der Buddhismus ist ein System von Erklärungen und Methoden zur Beendigung des Leidens. Dieses Ziel erreicht der Praktizierende durch Beachtung ethischen Verhaltens – indem er vermeidet, irgendeinem Lebewesen, und sei es das kleinste Insekt, Schaden zuzufügen –, sowie durch meditative Versenkung und tiefe Einsicht in die Natur der Realität.

Wenn ich mich nun frage, was, verglichen mit dem westlichen Denken, das Spezifische am tibetisch-buddhistischen Denken ist, stoße ich sofort auf den unterschiedlichen Realitätsbegriff. Tibeter denken anders über sich und die Welt, und zwar sowohl bezüglich des Zustandekommens der Realität wie auch bezüglich der Stellung des einzelnen in ihr.

Obwohl der Buddhismus von jeher unter die Weltreligionen gerechnet wird, ist bis heute nicht entschieden, ob man ihn überhaupt zu Recht eine Religion im üblichen Sinne nennen kann. Darauf hinzuweisen, scheint mir an dieser Stelle besonders wichtig. Gerade wenn es um unseren Realitätsbegriff geht, sollten wir vielleicht zunächst vermeiden, mit dem Wort »Religion« zu operieren, damit wir nicht irrtümlicherweise davon ausgehen, daß es um »Glauben« statt um »Wissen« geht.

Die konventionelle Realität

Eine festgefügte Realität, die als substantielle Einheit in Raum und Zeit existiert, gibt es unserer Auffassung nach nicht. Jede Erscheinung, jeder beliebige Gegenstand, der uns vor Augen kommt, besteht seiner Natur nach lediglich als ein momentanes, vorübergehendes Zusammenspiel von physischen und nicht-physischen Faktoren, zusammengefaßt als »Ursachen und Bedingungen« *(rgyu-daṅ rkyen)*, als da sind: das Vorhandensein einzelner *Bestandteile* bis hin zu den feinsten Partikeln und Sub-Partikeln in ihrer jeweiligen Anordnung, aber auch die *Prozesse* der Zusammensetzung oder Herstellung beziehungsweise der Wiederauflösung jedes einzelnen Objekts, ferner der *Betrachter* als wahrnehmendes Subjekt und der *Wahrnehmungsvorgang* der Erfassung, Identifizierung und Benennung. Es gibt demnach nichts, aber auch wirklich gar nichts, worauf wir den Finger legen und sagen könnten: »Hier steckt das eigentliche, inhärente Wesen eines Objekts. Hier ist die ›Tischheit‹ des Tisches, die ›Baumheit‹ des Baumes, die ›Thomasheit‹ von Thomas.«

Alle Erscheinungen sind diesem bedingten Entstehen bzw. diesem Bestehen in Abhängigkeit unterworfen. Wie im Vorwort kurz erwähnt, lautet der tibetische Terminus dafür *rten-'brel* (gesprochen: *tendrel*). Interessanterweise setzt sich dieses Wort aus *rten* (Stütze) und *'brel* (Abhängigkeit, Bedingtheit) zusammen. Wer gewohnt ist, in buddhistischen Begriffen zu denken, assoziiert sofort: Alles, was existiert, stützt sich auf etwas bereits Vorhandenes, nämlich auf Ursachen und Bedingungen *(rten)*. Aber nichts, auch nicht die stützenden Faktoren, existiert unabhängig aus sich selbst heraus *('brel)*. Damit ist in nur zwei Silben ausgedrückt, daß von *Nicht-Existenz* der Erscheinungen keine Rede sein kann, sie existieren lediglich »anders«, als wir bisher dachten – nämlich, infolge ihrer Bedingtheit, leer von Eigenexistenz. Eben das ist die berühmte *Leerheit (stoṅ-pa-ñid)*, einer der Hauptpunkte des Buddhismus. Die schlichte Beschreibung dieser Betrachtungsweise läßt kaum erahnen, wie umwerfend ihre Konsequenzen in der tatsächlichen Erfahrung sind. Ich will trotzdem versuchen, einiges davon anzudeuten:

Das lockere Gefüge von physischen und nicht-physischen Faktoren, das unsere Realität – uns selbst natürlich eingeschlossen – bildet, verändert sich ununterbrochen von allen Seiten her. Diese Veränderungsprozesse und damit die Anordnung der Realität selbst sind insofern durch uns beeinflußbar, als wir über unsere Wahrnehmung daran beteiligt sind. Wir können davon ausgehen, daß unsere derzeitige Wahrnehmungskapazität begrenzt und oberflächlich ist, es gibt also noch vieles zu entdecken. Aufgrund des Fehlens einer inhärenten Existenz wird uns die Realität dabei keinen Widerstand entgegensetzen. Eine umfassendere Wahrnehmung wird uns wahrscheinlich eine umfassendere Realität enthüllen. Überlegungen dieser Art lassen Neugier und Offenheit entstehen, und die gewohnheitsmäßige »freiwillige Selbstbeschränkung« unseres Bewußtseins wird damit, vielleicht erstmals, leicht erschüttert.

Läßt man sich weiter darauf ein, so lernt man durch fortgesetztes Üben die Realität direkt zu erfassen. Wenn das so ein erstrebenswertes Ziel sein soll, muß man schon fragen: wie nehmen wir denn dann *jetzt* eigentlich wahr? Die Antwort, die jeder selbst leicht nachvollziehen kann, lautet: Alles, was an Eindrücken und Wahrnehmungsreizen auf uns zukommt, wird vor jeder weiteren Verarbeitung zunächst sortiert, und zwar in eines von drei möglichen Fächern: angenehm – unangenehm – neutral. Einziges Sortierkriterium ist dabei die vermutete Auswirkung, die das Objekt auf uns selbst haben könnte. Angenehm ist, was unser Ego stabilisiert; unangenehm ist, was es bedroht oder ihm Unbehagen verursacht; alles andere ist neutral. Es ist erstaunlich, wie viele Reize blitzschnell als angenehm oder unangenehm bewertet werden. Aber immerhin haben wir uns jahrzehntelang im Sortieren geübt und nehmen uns selbst und unser Wohlbefinden – im Brennpunkt sämtlicher Ereignisse – so wichtig, daß wir schon deshalb unter dem Zwang stehen, die Auswertung unserer Eindrücke schnell und sicher vornehmen zu müssen.

In Wirklichkeit ist dieser simple Sortiervorgang natürlich mit einer hohen Fehlerquote behaftet, aber wir schaffen es mit Leichtigkeit, diese Tatsache unser ganzes Leben lang vor uns selbst zu verschleiern. Nach der Sortierung erfolgt dann automatisch die Handlung: Wir greifen nach dem Angenehmen und versuchen, das Unangenehme abzuwehren oder zu zerstören. Was neutral ist, ignorieren wir größtenteils. Aus diesem Verfahren resultiert eine enorme Macht der Objekte über uns und unser Verhalten. Wir werden ständig von ihnen in Atem gehalten, und diese Anspannung findet nie ein Ende. Dauernd werden wir mit etwas Angenehmem konfrontiert, das wir noch nicht haben, aber dringend haben wollen, oder mit etwas Unangenehmem, das uns bedroht. Totale Kontrolle ist nicht möglich, das müssen wir immer wieder schmerzhaft erfahren. Deshalb ist dieser ganze frustrierende Prozeß, obwohl auf Glück und Wohlbefinden ausgerichtet, in Wirklichkeit reines Leiden. Das tragische daran ist, daß wir ununterbrochen agieren wie Marionetten, ohne zu verstehen, wie und warum. Es gibt tatsächlich keine Hoffnung auf eine Veränderung unserer Lage, solange diese grundlegende Unwissenheit *(ma-rig-pa)* weiterbesteht.

Kommen wir nun zurück auf die buddhistischen Aussagen über die Leerheit aller Erscheinungen und wenden wir sie auf unsere eigene Person an, so dämmert uns eine verblüffende Erkenntnis: Auch unser Ego, um das wir ständig zittern und das wir unbedingt glücklich sehen wollen, ist nur ein bedingtes Phänomen, es hat keinerlei unabhängige Eigenexistenz. Genauso steht es mit allen wahrgenommenen Erscheinungen. Wenn das so ist, warum sortieren wir dann wie besessen? Warum räumen wir den Objekten soviel

Macht über uns ein? Eben – das lassen wir sofort bleiben, wenn wir durch die Erkenntnis der Leerheit die Unwissenheit besiegt haben. Wir existieren dann immer noch, wir besitzen auch nach wie vor die Fähigkeit, uns über schöne Dinge zu freuen und bei Verlust Schmerz zu empfinden. Aber die fieberhafte Spannung des Jagens und Gejagtwerdens ist für immer von uns gewichen. Wir geben die Sucht nach Kontrolle auf und lernen, uns im Strom der Erscheinungen ohne Widerstand zu bewegen. Paradoxerweise vervielfältigen sich genau durch diese Haltung unsere Einflußmöglichkeiten. Durch die übertriebene Ego-Fixierung sind unsere Energien gebremst und gebunden. Wenn sie wegfällt, geht es uns besser, und wir können mehr erreichen.

Die Einsicht in die Leerheit wird deshalb als die schärfste Waffe gegen die grundlegende Unwissenheit und gegen alle Hindernisse betrachtet. Sie stoppt den Prozeß des »Wahrnehmens unter Irrtum« und die Überfrachtung der Objekte, ja, der gesamten Realität mit einer dicken Schicht von Konzepten. Sie hebt die künstliche Trennung zwischen dem »Ich« und dem »Rest der Welt« auf und beendet dadurch unsere Isolierung. Verständlicherweise wird sie deshalb als das Instrument zur unmittelbaren, sofortigen, endgültigen Befreiung vom Leiden angesehen.

Solche Überlegungen beantworten auch gleich die Fragen, die aus einem nur intellektuellen Leerheitsverständnis heraus auftauchen: »Wenn unsere Realität tatsächlich leer von Eigenexistenz ist, wird sie damit öde, langweilig und wertlos? Und wenn ich die Leerheit meines Ego realisiere, bin ich dann nicht ein Automat ohne Gefühle?« Die Antwort ergibt sich einmal aus dem oben Gesagten, nämlich, daß das höchste Wissen, also die Erkenntnis der Leerheit, die Unwissenheit aufhebt und damit das Leiden (nicht die Freude!) beendet. Was das Realitätsverständnis selbst angeht, so ergibt sich aber auch noch eine weitere Antwort aus der Betrachtung der anderen Seite der Medaille: Das »Nichtvorhandensein« von inhärenter Existenz ist gleichbedeutend mit dem »Vorhandensein« einer grenzenlosen Fülle von Möglichkeiten. Alle von uns wahrgenommenen Erscheinungen mit ihrer unendlichen Anzahl von Facetten und Ausprägungen sind lediglich ein kleiner Ausschnitt, nämlich der gerade jetzt erfahrbare Ausdruck einer sehr viel größeren möglichen Realität mit einer unbeschreibbaren Bandbreite von Varianten, die in Form der abhängigen Existenz jederzeit manifest werden können. Jede Veränderung auch nur eines einzigen der oben genannten Einflußfaktoren (Bestandteile, Prozesse, wahrnehmendes Subjekt, Wahrnehmungsvorgang) eröffnet neue »Gestaltungskanäle«. Schon der Ansatz eines Versuchs, diese Potentiale in uns selbst und den Erscheinungen um uns herum zu erfassen und zu würdigen, ändert unsere Lebenssituation von Grund auf, im Sinne eines Zugewinns an Qualität.

Was verstehen wir nun in diesem Zusammenhang unter »Qualität«? In der tibetischen Sprache gibt es den Begriff *chü (bcud). Chü* bedeutet eigentlich soviel wie »Saft und Kraft« oder auch »Inhalt«. Ursprünglich wurde dieses Wort wohl verwendet, um Eigenschaften von Pflanzen oder Nahrungsmitteln zu beschreiben, aber es wird auch im übertragenen Sinne für die reine »Qualität« von Lebewesen, Umgebungen, Energien etc. benutzt. Der Terminus *nö chü* (*snod bcud,* dt. Gefäß und Inhalt) bezeichnet beispielsweise die ganze Welt. Der Gedanke, daß das Universum aus nichts anderem besteht als den Lebewesen und den Umgebungen, die sie sich geschaffen haben, ist – wie bei *tendrel* – kurz und bündig in zwei Silben ausgedrückt.

Ohne mich auf den Versuch einer Definition nach westlichen Kategorien einzulassen, möchte ich nur anhand einiger Beispiele die Funktion oder Auswirkung von *chü* aus tibetischer Sicht beschreiben:

Wir sagen beispielsweise, eine intakte, kraftvolle Landschaft sei ausgestattet mit *chü*. Wenn wir sie auf uns wirken lassen, können wir für uns selbst *chü* aus ihr ziehen. Wir fühlen dann einen Zustrom von Lebendigkeit, Wohlbefinden und Klarheit. (Ein Atomkraftwerk dagegen mitsamt seinem besonderen Umfeld hat vielleicht viel Energie, aber wenig *chü*.) Charismatische Menschen oder Menschen in dramatischen existentiellen Situationen strahlen viel *chü* aus, ermüdete Arbeitnehmer, die sich abends in der U-Bahn zusammendrängen, jedoch eher wenig. Ein Gespräch, das nur aus zwei aneinander vorbeilaufenden Monologen besteht, ist von wenig *chü* gekennzeichnet, während echte, tiefe Kommunikation, die auf Anteilnahme und Zuwendung basiert, eine der prägnantesten Ausdrucksformen von *chü* überhaupt ist.

Herrscht allgemein ein Mangel an *chü*, dann leiden die Menschen sehr darunter, ohne genau zu wissen, woran es ihnen eigentlich fehlt. Sie finden vielleicht ihr ganzes Leben irgendwie flach, farblos und unbefriedigend, obwohl doch äußerlich scheinbar alles in Ordnung ist. Wenn der Hunger nach existentieller »Qualität« auf keine Weise gestillt werden kann und alle Ersatzbefriedigungen versagen, stellen sich psychische Störungen wie beispielsweise Depressionen ein. Wir können also nichts Vernünftigeres tun, als zu versuchen, unser Leben mit »Qualität« anzureichern. Das scheint mir einer der Punkte zu sein, wo es notwendig und wünschenswert ist, eine Brücke zwischen westlichem und östlichem Denken zu schlagen. Denn wenn wir im Westen immer dringlicher nach *chü*, nach echter »Qualität« im privaten und gemeinschaftlichen Leben verlangen, müssen wir bereit sein, starre, alte, begrenzte Konzepte über uns selbst und unsere Realität über Bord zu werfen. Ein neuer, erweiterter Realitätsbegriff hängt unter anderem zusammen mit dem Erkennen und Verstärken von *chü* und mit dem Vermeiden der Zerstörung von vorhandenem *chü*. All das setzt eine erhöhte Wahrnehmungsfähigkeit und Sensibilität voraus, die nur durch den Einsatz spiritueller Methoden zu gewinnen ist. Intellektuelle Aktivität ist wichtig, die Beschäftigung mit philosophischen Gedankenkonstruktionen allein hilft uns aber nicht weiter. Frommes Befolgen religiöser Vorschriften allerdings auch nicht. Geistige Schulung und meditative Übungen mit dem Zweck der Erlangung von tieferem Wissen führen auf diesem Weg erfahrungsgemäß am weitesten. *Chü* als positive Kraft oder reine »Qualität« in Verbindung mit Erscheinungen, Personen und Prozessen ist weder allgegenwärtig noch selbstverständlich. Es kann geschwächt und sogar beinahe zerstört werden durch Mangel an Sensibilität. Es kann aber auch durch Wahrnehmung und Wertschätzung erhalten, gepflegt und verstärkt werden. In einer Kultur, die vornehmlich spirituell geprägt ist, wird das wahrscheinlich der Fall sein.

Und nun zurück zum Stichwort »Tibet«: Es scheint weitgehende Übereinstimmung darüber zu bestehen, daß die tibetische Kultur, wenigstens bis zum Ende der fünfziger Jahre, eine hohe Konzentration von *chü* darstellte. Selbst wenn wir weit davon entfernt sind, das historische tibetische System zu idealisieren, und selbst wenn generell jede religiöse Praxis mit allen ihren unvermeidlichen Schwachpunkten kritisch betrachtet wird, bleibt doch die Tatsache bestehen, daß fast alle Tibeter als Bestandteil ihres Lebens die subjektive Erfahrung von *chü* hatten. Ihrer Wahrnehmung nach war reine »Qualität« vorhanden: in ihrem Gesellschaftssystem, in seinen Hauptrepräsentanten und vor allem in seinen religiösen Fundamenten. Man mag darüber denken, wie man will – ganz gleich, ob man die Tibeter für einfältige Feudalsklaven oder für ein Volk mit einer hochentwickelten spirituellen Kultur hält: Ihre subjektive Einstellung war, bei aller Unsentimentalität und Spottlust den Schwächen des eigenen Systems gegenüber, bis in die tiefsten Wurzeln schier unausrottbar von *chü* geprägt und durchdrungen. Daraus erklärt sich vielleicht, daß sie auch nach Jahrzehnten der Besatzung und radikalen Unterdrükkung die Kraft aufbringen, an ihrer nationalen Identität und ihrem Freiheitswillen so unbeirrbar festzuhalten, wie es Touristen und Journalisten nach Tibet-Besuchen auch heute noch beschreiben; aber das nur als Randbemerkung.

Teilt man in der eigenen Gesellschaft die Erfahrung von *chü* mit vielen anderen Menschen in der engeren und weiteren Umgebung, entsteht also eine starke Gruppenidentifikation und eine tief eingewurzelte Übereinstimmung hinsichtlich gemeinsamer Werte. Die Ursachen und Folgen von *chü* reichen ihrer Natur nach weit über alltägliche Funktionalität hinaus. Sie sind, wie gesagt, ein Ergebnis echter Spiritualität, nicht künstlicher Frömmelei. Ich versuche immer, diesen Komplex im Zusammenhang zu sehen und darzustellen; deshalb habe ich eingangs gesagt, das Phänomen Tibet sei mit dem Wort »Religion« allein nicht zu erklären. Denn Religion oder religiöse Praxis kann natürlich mit *chü* durchtränkt sein, muß aber nicht.

Der Zusammenhang zwischen der buddhistischen Lehre mit ihrem von Leerheit geprägten Realitätsbegriff und der Wahrnehmung und Intensivierung von reiner »Qualität« in allen Erscheinungen ist natürlich auch unter den Tibetern nur wenigen in dieser Weise bewußt. Wie überall existiert auch bei uns hinsichtlich der religiösen Theorie und Praxis eine große Bandbreite – vom schlichten Volksglauben bis hin zu den Übungen und Erkenntnissen in Verbindung mit der tiefsten Einsicht.

Die nicht-konventionelle Realität

Überlegungen zur Qualität sind ebenfalls von Bedeutung, wenn wir die Ebene unserer konventionellen Realität verlassen. In verschiedenen Kulturen und spirituellen Lehrsystemen, so auch im tibetisch-buddhistischen, wird ja behauptet, daß die Realität, die wir mit unseren Sinnesorganen erfassen können, nur eine unter vielen ist. Wir sind davon überzeugt, daß es möglich ist, unsere derzeitige Fixierung auf die uns bekannte, konventionelle Realität zu lösen und unser Bewußtsein so weit auszudehnen, daß andere Realitäten von uns wahrgenommen werden können, ja, daß wir uns mit einer eigenen Identität in ihnen bewegen können.

Wie gehen wir vor, um das zu erlernen? Um Überforderung und Desorientierung zu vermeiden, beschränken wir uns in unserer Tradition zunächst darauf, den Zugang zu einer alternativen Realität zu finden, die fest definiert ist und von der präzise Beschreibungen existieren. Dazu ist die enge Zusammenarbeit mit einer Person, die diesen Zugang bereits hat und als Lehrer fungieren kann, erforderlich. Lehrer und Schüler benutzen nun den gemeinsamen Vorrat an Beschreibungen und Symbolen, die mit der alternativen Realität in Zusammenhang stehen. Der Schüler wird am Anfang nur fähig sein, alle Chiffren und Informationen, die ihm vermittelt werden, im Rahmen seiner konventionellen Realität zu verstehen und zu interpretieren. Das macht aber nichts; mit etwas Unterstützung und kontinuierlichem Bemühen entwickelt sich im Lauf der Zeit ein anderes Verständnis, eine direkte, gültige Wahrnehmung der nichtkonventionellen Realität. Die Methoden hierzu werden im indo-tibetischen Buddhismus unter dem Oberbegriff »Tantra« überliefert.

Die Beantwortung der Frage, ob es eine solche Realität überhaupt gebe oder nicht, steht dabei nicht im Vordergrund. Dieser Punkt kann ohnehin nur durch eigene Erfahrung zuverlässig geklärt werden. Wenn ein direkter Zugang nicht besteht, nützen einem auch die schönsten Beschreibungen nicht viel – man kann entweder daran glauben oder nicht, aber beides ist letztlich unbefriedigend. Wenn aber jemand die Voraussetzungen erfüllt und sich mit einer korrekten Motivation kontinuierlich um die meditative Praxis bemüht – und zwar unabhängig davon, ob er sich am Anfang das Vorhandensein einer anderen Realität auch nur vorstellen kann –, wird er unweigerlich immer feinere Schichten des eigenen Bewußtseins aktivieren und lernen, anders wahrzunehmen. Nach einiger Zeit wird für ihn die tantrische Realität eine selbstverständliche Tatsache sein.

Nehmen wir nun einmal an, diese Hürde wäre genommen und die Existenz einer alternativen Realität würde akzeptiert. Dann bliebe noch zu klären, warum man sich eigentlich die Mühe machen soll, andere Realitäten auszukundschaften, wenn man sich doch in der eigenen, angestammten auch ganz wohl fühlt. Ein Buddhist denkt da sofort daran, daß unsere konventionelle Realität eng, begrenzt, unbefriedigend und leidvoll ist. In der tantrischen Realität gelten andere Spielregeln, die dem einzelnen wesentlich mehr Freiheit geben. Er hat die Möglichkeit, einmal durch den Prozeß der Bewußtseinsausweitung selbst und zum anderen durch die enorme Förderung, die aus dem Kontakt mit der tantrischen Realität resultiert, auf seinem eigenen Weg viel mehr zu erreichen. Der Weg wird dann sozusagen steiler und auch gefährlicher, aber intensiver und kürzer. Aber nach wie vor bleibt die Tatsache bestehen, daß jeder jeden Schritt selbst gehen muß, es geht auch hier nicht um Zauberei oder Erlösung von außen.

Wenn wir versuchen, die Grenzen der konventionellen Wirklichkeit zu überschreiten, müssen wir natürlich zuerst herausfinden, wie das überhaupt vor sich gehen soll. Die Suche nach einer Brücke, einem gemeinsamen Nenner zwischen den Realitäten führt uns wieder zum Thema »Leerheit«. Die Erkenntnis, daß die Erscheinungen, die uns umgeben, nicht substantiell sind, ist die Voraussetzung für jeden weiteren Schritt. Solange wir daran glauben, daß die Dinge ihrer Natur nach so sind, wie sie sich unserer Wahrnehmung anbieten, sind wir in einem engmaschigen Netz gefangen.

Was sind Symbole und wie wirken sie?

Nun stehen wir vor der Frage, welchen Platz der schier unerschöpfliche Reichtum an symbolischen Darstellungen, der inzwischen bereits zahllose bunte Tibet-Bildbände füllt, innerhalb eines Denkens einnimmt, das auf die Leerheit, auf das abhängige Entstehen und auf die Einbeziehung der tantrischen Realität ausgerichtet ist. Dazu fällt mir kein besseres Beispiel ein als das der Holographie. Befreundete Physiker haben mir einmal erklärt, daß jeder einzelne Bestandteil eines Hologramms das komplette Bild vollständig enthält. Als ich das hörte, mußte ich sofort an unsere unendlich fein ausgearbeiteten Maṇḍala-Beschreibungen (siehe Seite 111 ff.) denken, wo jede Form, jeder Gegenstand, jedes Attribut, jede Geste einer Gottheit, aber auch Position, Farbe, Himmelsrichtung, Zahlenangaben und Bezeichnungen, Bewegungs- und Klangfolgen usw. nicht nur für sich selbst ihre besondere Bedeutung haben, sondern auch zu jedem anderen Bestandteil des Maṇḍalas derart in Beziehung stehen, daß ich praktisch von jedem beliebigen Element ausgehend das Ganze aufbauen, erkennen und deuten kann. Ähnliches gilt im Prinzip auch für die Symbolgruppen, mit denen ich mich in der vorliegenden Arbeit beschäftige. Wenn ich aus tibetischer Sicht beispielsweise in einem beliebigen Symbolzusammenhang auf die Farbe »Weiß« stoße, wird dadurch sofort eine Flut von Assoziationen ausgelöst: Darstellungen von Gottheiten, Bilder von weißen *kha-tag* (zeremoniell überreichten Seidenschals), Kreidezeichnungen, Gefäßen, Substanzen wie Milch, Joghurt und weißer Reis, die bei Ritualen Verwendung finden, und das alles mit der Bedeutung von Reinheit, Friede, Befreiung, Güte, Glück.

Aus tibetischer Sicht sind Symbole Zeichen, die wir benutzen, um uns an die Wechselbeziehungen zwischen Innen und Außen, zwischen geistigen Aktivitäten und materiellen Erscheinungsformen zu erinnern, sie deutlicher zu erkennen und aus dieser Bewußtheit heraus die Realität – auch in ihren zukünftigen Entwicklungen – zu beeinflussen. So gesehen, können alle Elemente der Wahrnehmung Symbole oder *tendrel* sein. Zwischen ihnen und den offiziellen, allgemein benutzten Symbolen besteht vom Wesen her kein Unterschied. Der einzige Unterschied liegt in der Übereinkunft. Wenn viele Menschen eines Kulturkreises sich darauf einigen, ein Zeichen als Sinnbild bestimmter geistiger Inhalte oder Energieformen zu sehen, dann ist für sie selbst dieses Symbol wirksam, und seine Wirkung basiert auf Erinnerung, Vertrauen und Verstärkung durch Wiederholung.

Wie sieht es aber mit der Beeinflussung der Realität durch den Gebrauch von Symbolen aus? Hier könnten wir nun ganz vorsichtig versuchen, zu unterscheiden zwischen Psychologie und Magie.

Wenn wir für bestimmte Vorhaben günstige Tage oder besondere Orte wählen oder wenn wir versuchen, durch Gebete und die Verwendung symbolischer Substanzen für unsere Aktivitäten eine förderliche Atmosphäre zu erzeugen, dann entstehen dadurch zweifellos auch Ermutigung und Selbstvertrauen, und unsere Unternehmungen werden in nicht zu unterschätzender Weise positiv beeinflußt. Das Resultat hängt vor allem vom Vertrauen ab, wobei wir drei Arten unterscheiden: ein mehr gefühlsmäßiges »Vertrauen aus reiner Gesinnung« *(dvaṅs-ba'i dad-pa)*, ein schon mehr überzeugtes »Vertrauen aus dem Glauben« *(yid-ches-kyi dad-pa)* und ein »Vertrauen aus dem Streben« *(mṅon-'dod-kyi dad-pa)*. Jede dieser drei Arten von Vertrauen soll begründet sein, keine soll auf blindem Glauben beruhen, so wird es gelehrt. Wie weit diese Voraussetzungen immer erfüllt sind, ist ein anderes Kapitel. Auf die Frage des Aberglaubens, die sich in diesem Zusammenhang auch stellt, werde ich später noch zurückkommen.

Nun sind wir aber an dem Punkt angelangt, wo es unvermeidlich ist, über die direkte Beeinflussung der Realität mit magischen Mitteln unter Benutzung symbolischer Gegenstände und Substanzen zu sprechen. Was verstehen wir unter Magie? Jede Realität, ob unsere konventionelle oder beispielsweise die tantrische, setzt sich aus ihren Erscheinungen zusammen. Diese Zusammensetzung der Erscheinungen folgt einem bestimmten Grundmuster, dessen Dynamik und Gesetzmäßigkeiten an der Oberfläche oder Außenseite nicht ohne weiteres erkennbar sind. In jeder Hochkultur existiert ein tieferes Wissen über dieses Grundmuster. Es wird von denjenigen, die es besitzen, bewahrt und weitergegeben. Wer ein tieferes Wissen über die Kräfte, Elemente, Linien und Einflußfaktoren hat, nach denen die Realität sich zusammensetzt, der kann sie aufgrund dessen auch beeinflussen, jedoch immer im Rahmen der Gesetzmäßigkeiten des Musters. Diejenigen, die innerhalb eines gemeinsamen kulturellen Bezugsrahmens das tiefere Wissen miteinander teilen, haben im Lauf der Zeit eine Symbolsprache entwickelt, in der sie sich mühelos verständlich machen und kommunizieren können. Sie basiert auf festen Verknüpfungen äußerer oder materieller Formen mit geistigen Inhalten. Eine solche Symbolsprache beschreibt vollständig und in hochkonzentrierter Form einen über Jahrtausende zusammengetragenen »Wissens-Pool«.

Bei der Verwendung von Symbolen, beispielsweise in Ritualen zur Beeinflussung der Realität, wird auf diesen Pool zurückgegriffen. Diejenigen, die souverän und in umfassender Weise das tiefere Wissen und die Symbolsprache beherrschen, sind natürlich in der Lage, ungehindert aus dem Pool zu schöpfen und starke Wirkungen freizusetzen. Die Angehörigen dieser Kategorie fühlen sich in der Regel untereinander sehr verbunden. Sie sind eigentlich auf die Benutzung einer Symbolsprache nicht einmal mehr angewiesen, schätzen sie aber sehr und bewahren sie sorgfältig.

Die wesentlich größere Gruppe von Menschen, die über einen Teil des Wissens verfügen, sind von der korrekten Benutzung der Symbolsprache abhängig, um den Wissens-

Pool im Rahmen ihrer Möglichkeiten anzuzapfen und Wirkungen hervorzubringen. Was ihnen an Wissen fehlt, können sie teilweise durch Vertrauen und eine gute Motivation ersetzen.

Der weitaus größte Teil derjenigen, die sich gern an »magischen Ritualen« (oder was sie dafür halten) versuchen möchten, verfügt über so gut wie kein tieferes Wissen und eine zweifelhafte Motivation. Wenn jedoch wenigstens der Wunsch besteht, die Motivation allmählich in Richtung Uneigennützigkeit zu verbessern und sich die Grundlagen des Umgangs mit der Realität im Laufe einer langjährigen, sorgfältigen Ausbildung anzueignen, können Resultate erzielt werden. Ansonsten sind solche Versuche im besten Falle nutzlos, im schlechtesten gefährlich für die eigene geistige Gesundheit.

Den Versuch, ohne Wissen und ohne »begründetes« Vertrauen einzelne Elemente irgendeiner Symbolik herauszugreifen und sich damit zu schmücken, würden wir schlicht und einfach als Aberglauben bezeichnen. Formen des Aberglaubens kommen überall vor, auch in Tibet. Was heißt aber in diesem Zusammenhang »begründet«? Bei der üblichen Mischung zwischen Wissen, Vermuten, Glauben und Nachahmen weiß man tatsächlich im Einzelfall oft nicht so genau, wo die Grenze zum Aberglauben verläuft. Es kommt natürlich auf das Mischungsverhältnis an. Generell kann man vielleicht sagen: Um sich vor blinder Imitation und Aberglauben zu schützen, muß man für sich selbst wenigstens gründlich geprüft und den Beweis gefunden haben, daß ein tieferes Wissen im Zusammenhang mit Symbolen, Praktiken und Ritualen zweifelsfrei existiert, wenn man auch noch nicht selbst darüber verfügt. Dann kann eine Entwicklung, die auf das Erwerben tieferen Wissens abzielt, in Gang kommen. Dies ist ein schwieriger Komplex, und es gibt zu dieser Frage zwei extreme Positionen, die beide keinen großen Nutzen bringen: Sich blindlings in Experimente mit der Realität hineinstürzen zu wollen, so wie man eine neue Droge ausprobiert, ist schädlich. Aber – im Zusammenhang mit Magie das Wort »Aberglauben« als Pauschalvorwurf zu benutzen, weil man nichts weiß und auch nichts wissen will, ist zwar nicht gefährlich, aber auch nicht sehr sinnvoll.

Nun bliebe noch die Frage zu klären, wie diese Anmerkungen zum Thema Magie denn eigentlich zu den buddhistischen Unterweisungen über Karma passen. Wegen seiner Einbeziehung magischer Mittel und Methoden ist ja der tibetische Buddhismus von Vertretern anderer Traditionen oft angezweifelt worden. Ich meine aber, daß solche Zweifel bei näherer Betrachtung widerlegt werden können:

Unter Karma verstehen wir Handlungen, durch die wir über das Gesetz von Ursache und Ergebnis unsere eigenen zukünftigen Erfahrungen generieren. Da es nur um uns selbst, unser Bewußtsein und unser Verhalten geht – ohne Einschaltung irgendeiner anderen, höheren Instanz – gibt es bezüglich der Gesetzmäßigkeit keine Ausnahmen oder »Verjährungen«. Wie verträgt sich das nun mit der magischen Beeinflussung der Realität? Es verträgt sich ohne Widerspruch, weil das Wissen um das Grundmuster der Realität, auf dem jede Magie basieren muß, Karma mit einbezieht. Es handelt sich dabei um ein klares und eindeutiges, aber nicht starres und mechanistisches Karma-Verständnis. Symbole zu benutzen und Rituale durchzuführen bedeutet nicht, wild herumzuzaubern, sondern energisch, aber einfühlsam mit den gegebenen Kräften und Zuständen zu arbeiten und das bestehende Netz mit »möglichen« Fäden fortzusetzen.

Wie wir im folgenden bei den Beschreibungen der einzelnen Symbolgruppen sehen werden, sind manche Gegenstände oder glückbringende Substanzen anscheinend schon seit Jahrtausenden als Symbole angelegt oder benutzt worden. Sie wurden in den indischen Religionen verwendet und erfuhren im Laufe der Jahrhunderte verschiedene kulturelle Prägungen und Bedeutungsveränderungen. Soweit wie möglich habe ich versucht, diese Prozesse nachzuvollziehen, wobei ich mich allerdings hauptsächlich auf die buddhistische Literatur Tibets gestützt habe, so wie sie aus Indien übernommen wurde.

DIE NEUN BEKANNTESTEN SYMBOLGRUPPEN IM TIBETISCHEN KULTURRAUM

Die für diese Untersuchung ausgewählten Symbolgruppen sind die in Tibet und in der Mongolei am häufigsten verwendeten. Sie schmückten geistliche Bauwerke und Privathäuser, verzierten Möbel, Gegenstände und Kleidungsstücke. Sogar in bestimmten Landschaftsformationen, wie zum Beispiel in Gebirgszügen, glaubte man sie zu erkennen. Zahllose Formen und Äußerungen des öffentlichen und des privaten Lebens wurden mit ihnen in Zusammenhang gebracht. Die bei weitem beliebteste Gruppe ist die der Acht Glückssymbole.

Abb. 1

1 Die Acht Glückssymbole

Aus der Frühzeit der indischen Religionen sind verschiedene glückverheißende Zeichen und Symbole bekannt, deren Ursprung, Alter und Bedeutungsentwicklung sich oft kaum noch feststellen läßt. Es handelte sich dabei in der Regel um Gegenstände, Tiere oder Pflanzen, die wegen ihres Wertes oder der Art ihres Gebrauchs als Ritualobjekte, Sinnbilder für Gottheiten oder ganz allgemein soziale Statussymbole dienten. Da sie jeweils in einer festgelegten Auswahl benutzt wurden, zum Beispiel für die tägliche Andacht oder für Zeremonien bei besonderen Anlässen, lag es nahe, diesen spezifischen Zusammenstellungen eine über die individuelle Bedeutung hinausgehende, besondere Bedeutung beizumessen. Solche Symbolgruppen gibt es in verschiedenen Variationen sowohl im Hinduismus wie auch im Buddhismus und im Jainismus.[1] Eine dieser Gruppen sind die Acht Glückssymbole (Abb. 1), eine der bei den Tibetern populärsten Zusammenstellungen und gleichzeitig eine der ältesten. Sie wird bereits in den kanonischen Texten erwähnt[2], das heißt sie entstammt mindestens den Sanskrit- oder Pali-Texten des indischen Buddhismus. Folgende Zeichen gehören zu den Acht Glückssymbolen:

Der Schirm *(gdugs,* skr. *chattra)*
Die goldenen Fische *(gser-ña,* skr. *suvarṇamatsya)*
Die (Schatz-)Vase *([gter-chen-po'i] bum-pa,* skr. *kalaśa)*
Der Lotos *(padma,* skr. *padma)*
Das rechtsläufige Schneckengehäuse *(duṅ g'yas-'khyil,* skr. *dakṣiṇāvartaśaṅkha)*
Der glorreiche (endlose) Knoten *(dpal be'u,* skr. *śrīvatsa)*
Das Siegeszeichen *(rgyal-mtshan,* skr. *dhvaja)*
Das Rad *('khor-lo,* skr. *cakra)*

Ich werde nun zunächst die einzelnen Zeichen beschreiben und versuchen, soweit wie möglich ihren Ursprung, ihre Bedeutung und Verwendung zu erklären. Bei der Beschreibung beziehe ich mich auf die üblichen Objekte bzw. Darstellungen, da die Schilderungen in den Texten zum Teil symbolisch und nicht in unserem Sinne realistisch sind. Oft gingen auch die Bedeutungen der einzelnen Zeichen ineinander über oder waren zumindest nicht klar gegeneinander abgegrenzt (z. B. Rad/Schirm, glorreicher Knoten/Svastika, Schirm/Siegeszeichen, Schneckengehäuse/Muschel usw.). So wird zum Beispiel das erste der Acht Glückssymbole, der Schirm, als eine Konstruktion mit tausend Speichen beschrieben.[3] Ich möchte hier keine Mutmaßungen darüber anstellen, was damit gemeint sein könnte und ob diese Angabe auf ritueller Übertreibung beruht. Ich beschränke mich einfach auf die Beschreibung der Schirme, die in Tibet wirklich hergestellt und benutzt oder von Künstlern dargestellt wurden und die eine ganz normale Anzahl von Speichen hatten.

Der Schirm

Es handelt sich um einen aufgespannten, in der Regel ein- bis dreifachen Ehrenschirm, der so groß ist, daß mindestens vier bis fünf Menschen darunter Platz finden können. Über Holzspeichen wird meistens gelbe, gelegentlich weiße (gemäß der Literatur) oder mehrfarbige Seide gespannt. Den Abschluß bildet ein breiter, gefalteter Seidenvolant. Jeder weitere Schirm wird durch gefaltete Seidenstreifen angedeutet, die wie Volants an den unteren Saum des jeweils darüberliegenden Schirms angenäht sind. Acht ein- oder mehrfarbige Seidenbänder mit Fransen hängen vom oberen Rand des obersten Volants bis genau zum unteren Rand des untersten. Die Spitze bildet ein vergoldeter Knauf in beliebiger Form und Höhe. Der Stock besteht ebenfalls aus Holz und ist manchmal vergoldet, meistens jedoch rot bemalt.

Die Bedeutung des Schirms als Symbol ist nicht übermäßig geheimnisvoll. Über die Mittel und Möglichkeiten zum Schutz gegen die Unbilden der Witterung zu verfügen, galt von jeher in allen Kulturen als Statussymbol. Der Sonnenschirm war ja noch bis vor einigen Jahrzehnten auch in Europa ein Statussymbol für die Damen der Gesellschaft. Wer bereits vor einigen tausend Jahren in einem Land wie Indien einen solchen Luxusgegenstand besaß, gehörte sicherlich zu den Wohlhabenden. Wenn man außerdem noch Diener hatte, von denen man sich den Schirm tragen ließ, waren damit Rang und Reichtum schon deutlich zum Ausdruck gebracht. So ist die Entwicklung der Bedeutung des

Schirms zu einem Symbol der Macht oder des königlichen Rangs leicht nachzuvollziehen. Außerdem wurde die Tatsache, daß der Schirm den Träger vor der Sonnenhitze schützte, als »Schutz vor der Hitze der Befleckungen *(ñon-moṅs)*« in den religiösen Bereich übertragen.

Es hat möglicherweise in Indien auch Schirme mit mehr als dreifacher Staffelung gegeben. Wie beispielsweise aus der Biographie von Atiśa hervorgeht, hatte er Anspruch auf 13 Ehrenschirme.[4] In der tibetischen Kunst werden diese auf Bildern und *thaṅ-ga* übereinandergetürmt dargestellt.[5]

Die Tibeter haben den Schirm aus der indischen Kultur übernommen. Hohe geistliche Würdenträger hatten das Anrecht auf einen Seidenschirm, weltliche Herrscher auf einen mit Pfauenfedern bestickten. Hatte eine Person des öffentlichen Lebens Anspruch auf beide, wie z. B. der Dalai Lama, so wurde in der Prozession erst ein Pfauenfedernschirm und dann ein Seidenschirm mit je einem oder drei Volants hinter ihr hergetragen. Die Anzahl der Volants wurde jedoch nicht als symbolische Andeutung mehrerer Schirme aufgefaßt, sie blieb einfach dem persönlichen Geschmack überlassen. Eine größere Anzahl von übereinandergestaffelten Schirmen wie in Indien scheint es in Tibet nicht gegeben zu haben. Schon aus praktischen Erwägungen beschränkte man sich auf die übliche, »tragbare« Form.

Innerhalb der Acht Glückssymbole steht der Schirm als Zeichen für geistige Macht im positiven Sinn, das heißt: Wie bei vielen anderen Zeichen (siehe »Die Sieben Kostbarkeiten der Königsherrschaft«, Seite 93) wird auch hier die Bedeutung eines Symbols von der weltlichen auf die spirituelle Ebene übertragen.

Die goldenen Fische

Es handelt sich bei diesem Symbol um zwei Fische, die meistens parallel senkrecht stehend, manchmal auch leicht gekreuzt, mit einander zugewandten Köpfen dargestellt werden. Die Fische symbolisierten ursprünglich im Hinduismus die heiligen Flüsse Ganges und Yamuna.[6] Bereits im 2. bis 3. Jahrhundert n. Chr. wurden sie auf Tongefäßen angebracht.[7] Als glückverheißendes Symbol gelangten sie in die Überlieferungen des Jainismus[8] und des Buddhismus. In Tibet kamen sie nur als bildliche Darstellungen im Zusammenhang mit den Acht Glückssymbolen vor. Eine spezifische, eigene Bedeutung wurde ihnen von den Tibetern nicht beigemessen.

Die Schatzvase

Die Vase ist ein dickbauchiges Gefäß mit einem kurzen, schlanken Hals. Den oberen Abschluß bildet eine Art umgestülpter, ziemlich breiter Rand mit Verzierungen. Die Basis ist ein runder, ebenfalls verzierter Ständer. Der Hals ist mit Schärpen geschmückt. Oben auf der Öffnung liegt ein großes Juwel, durch das angedeutet wird, daß es sich um eine Schatzvase handelt.

Zur allgemeinen Bedeutung der Vasen und ähnlicher Gefäße kann man sagen, daß ihre kultische Nutzung zurückgeht bis in die Frühzeit der Religionen. Ihre symbolische Bedeutung stand vermutlich schon immer in Zusammenhang mit Ideen der Vorratshaltung und Befriedigung materieller Bedürfnisse. In den Sagen und Märchen der verschiedensten Kulturen gibt es z. B. das Motiv des Gefäßes, das nie leer wird. Auf der geistigen Ebene wird die Vase oft mit außergewöhnlichen Fähigkeiten in Verbindung gebracht.[9] Im tibetischen Buddhismus gibt es vielfältige Formen von Vasen für unterschiedliche Verwendungsarten, besonders für tantrische Rituale.

Die Spezialform der Schatzvase existiert innerhalb der Acht Glückssymbole als Sinnbild für geistige und materielle Wunscherfüllung und außerdem als Attribut für bestimmte Gottheiten, die etwas mit Reichtum zu tun haben, zum Beispiel Gaṅ-ba bzaṅ-po[10], einen der Begleiter von Vaiśravana.

Der Lotos

Die Lotosblume kommt in Tibet nicht vor, deshalb gibt es in der tibetischen Kunst nur stilisierte Ausführungen davon. Bei Vergleichen mit indischen oder japanischen Darstellungen kann man die Unterschiede leicht feststellen. Die tibetischen Lotosblüten, wie sie von *thaṅ-ga* und Statuen bekannt sind, zeigen denn auch eine große Variationsbreite. Bei den Acht Glückssymbolen wird die Grundform verwendet, nämlich eine weiße Blüte mit leicht rötlicher Schattierung, mit oder ohne Stiel.

Der Lotos ist eines der bekanntesten Symbole überhaupt. Er gilt als Sinnbild der Reinheit bzw. des reinen oder göttlichen Entstehens[11], denn obwohl er im Schlamm der Teiche und Seen wurzelt, erhebt er seine Blüte in makelloser Schönheit über den Wasserspiegel. Es gibt zwar auch andere Wasserpflanzen, die auf dem Wasser blühen, aber nur die Lotosblüte – aufgrund der Festigkeit ihres Stiels – schwebt regelrecht in ca. 20 bis 30 cm Höhe über dem Wasserspiegel. Innerhalb der Acht Glückssymbole steht der Lotos ebenfalls für die Reinheit, besonders für die Reinheit des Geistes.

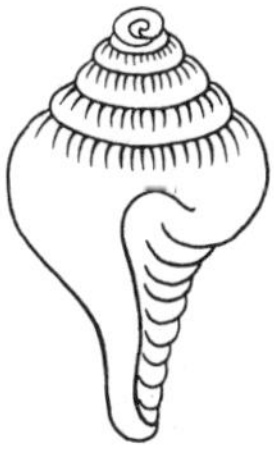

Das rechtsläufige Schneckengehäuse

Das Schneckengehäuse ist weiß, ziemlich groß, spiralig gedreht, oval, mit Spitzen an beiden Enden. Die rechtsläufige Form ist wesentlich seltener als die linksläufige und gilt deshalb als wertvoller. Als natürliches, nicht von Menschenhand geschaffenes Objekt gehört es zu den ältesten Ritualgegenständen. Es wird manchmal als Muschelschale, manchmal als Schneckengehäuse bezeichnet. Der tibetische Begriff *duṅ* umfaßt beides.

In der vorbuddhistischen Zeit diente es bereits als Attribut oder Symbol von hinduistischen Göttern, als Sinnbild für Weiblichkeit oder ganz allgemein als Kultgefäß oder -instrument.[12] In den tibetischen Buddhismus übernommen, war es besonders wegen seines kräftigen Klanges als Instrument sehr beliebt. Muscheln oder Schneckengehäuse wurden sowohl zur Einberufung von Versammlungen benutzt wie auch während des Rituals für das Musikopfer oder als Behälter für das Safranwasser. Außerdem dienten sie als Ornamente zur Verzierung von Thronen, *stupa,* Statuen etc.

Innerhalb der Acht Glückssymbole steht es für den Ruhm der Buddhalehre, die sich wie der Klang der Schneckentrompete in alle Richtungen ausbreiten soll.[13] Es hat also eine rein religiöse Bedeutung.

Der glorreiche (endlose) Knoten

Der endlose Knoten ist ein in sich geschlossenes, grafisches Ornament aus rechtwinklig miteinander verflochtenen Linien. Er wird oft mit dem aus dem Hinduismus stammenden *śrīvatsa*-Zeichen in Verbindung gebracht. Dieses Zeichen scheint in seiner ältesten Form ein *nāga*-Symbol[14] mit zwei stilisierten Schlangen gewesen zu sein.[15] Später hat sich daraus ein grafisches Symbol entwickelt, das als stilisierte Darstellung eines Haarwirbels oder auch einer Blüte mit vier oder acht Blütenblättern beschrieben wird. Wie sich allerdings aus diesem Zeichen der endlose Knoten der Tibeter entwickelt haben soll, ist mir nicht ganz verständlich. Eher könnte ich noch einen Zusammenhang mit dem *nandyāvarta*-Symbol[16] sehen, einer abgewandelten Form des *svastika,* das zumindest von der Ausführung her irgendwie an den endlosen Knoten erinnert. Was nun seine Rolle im tibetischen Buddhismus angeht, so existiert keine Erinnerung mehr an eventuelle frühere Bedeutungen, es gibt darüber auch keinerlei Textstellen. Für die Tibeter ist der endlose Knoten das klassische Zeichen für *tendrel*, die Art und Weise, wie die Realität existiert. Das Flechtwerk der Linien erinnert daran, daß alle Erscheinungen miteinander verflochten sind und abhängig von Ursachen und Bedingungen. Das Ganze ist ein lückenlos in sich geschlossenes Muster, das gleichzeitig Bewegung und Ruhe ausstrahlt, und zwar in einer Darstellungsform von großer Einfachheit und vollkommen ausgewogener Harmonie. So ist es begreiflich, daß der endlose Knoten eines der beliebtesten Zeichen in der tibetischen Kultur ist. Es wird nicht nur im Zusammenhang mit den Acht Glückssymbolen, sondern auch einzeln sehr häufig verwendet. Es erinnert den Betrachter an *tendrel* und ist gleichzeitig selbst einfachster, deutlichster und bündigster Ausdruck von *tendrel*. Daher wird es als im höchsten Maße glückbringend wahrgenommen. Die Wirkungsweise dieses Symbols wird immer als vielschichtig erlebt. Wie alle Erscheinungen miteinander verknüpft sind, so soll beispielsweise durch das Anbringen des endlosen Knotens auf einem Geschenk oder einer Glückwunschkarte eine glückbringende Verbindung zwischen dem Geber und dem Empfänger hergestellt werden. Gleichzeitig soll der Empfänger mit günstigen Umständen in der Zukunft in Verbindung gebracht werden, indem er daran erinnert wird, daß künftige positive Auswirkungen in den Ursachen der Gegenwart wurzeln.

Da der Knoten keinen Anfang und kein Ende hat, versinnbildlicht er außerdem die Unendlichkeit der Erkenntnis des Buddha.

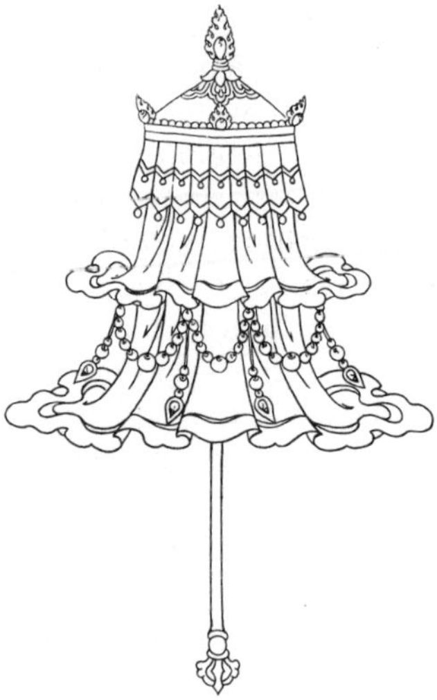

Das Siegeszeichen

Zu den Begriffen »Siegeszeichen«, »Banner« und »Fahne« gibt es in der tibetischen Kultur verschiedene Gegenstände, die entweder durch Ähnlichkeiten der Form oder des Namens zueinander in Beziehung stehen. Ich möchte in Tabelle 1 (siehe Seite 44f.) einen Überblick über die Bezeichnungen geben, wobei ich der Vollständigkeit halber den Schirm mit dazugenommen habe. Dabei verwende ich, soweit nichts anderes angegeben ist, die tibetischen Begriffe so, wie es dem allgemeinen Sprachgebrauch entspricht. *rGyal-mtshan* ist das Zeichen, das zu den Acht Glückssymbolen gehört. Ebenso wie der Schirm wurde es aus Holz und Stoff hergestellt oder in Metall nachgebildet. Ein Blick auf Tabelle 1 zeigt, daß das Siegeszeichen in der klassischen tibetischen Literatur nirgendwo beschrieben ist.

An dieser Stelle möchte ich auf eine Sonderform dieses Zeichens eingehen, die sich meiner Ansicht nach in Tibet aus den weiter oben beschriebenen vielfachen Schirmen entwickelt hat: Es gibt einen schmalen Stoffzylinder mit mindestens drei, meistens aber wesentlich mehr Reihen von gefalteten Seidenbahnen in ungerader Anzahl. Der Stoff ist über ein Holzgerüst gespannt, mit einem Knauf gekrönt, oft mit vier Seidenbändern verziert. Dieser Gegenstand, der – manchmal auch in Metall nachgebildet – in Klöstern oder Tempeln aufgestellt wurde, heißt im Volksmund »Siegeszeichen« *(rgyal-mtshan)*. Eines dieser Siegeszeichen jedoch, das genau in der Mitte der Hauptversammlungshalle eines Klosters als Hängeornament an der Decke angebracht war, wurde von den Mönchen »gelber Zentralschirm« *(dkyil-gdugs-ser-po)* genannt. Diese Bezeichnung und die Tatsache, daß für diesen Gegenstand sonst nirgendwo in den Texten eine Beschreibung existiert, veranlassen mich zu der Vermutung, daß es sich dabei um eine stilisierte Form der vielfach übereinander gestaffelten Ehrenschirme handeln könnte.

So könnte erklärt werden, wie sich dieses Objekt als Spezialform von *gdugs* entwickelt hat. Wie es aber zuging, daß gerade für diesen Gegenstand die Bezeichnung *rgyal-mtshan* aus der Literatur übernommen wurde, läßt sich heute nicht mehr herausfinden. Es steht jedoch fest, daß zugleich mit dem Namen auch die symbolische Bedeutung auf das Objekt übertragen wurde, nämlich *mi-mthun phyogs-las rgyal-ba'i rgyal-mtshan,* also »Zeichen für den Sieg über alle Unstimmigkeiten, Disharmonien oder Hindernisse«. Die Bedeutung wurde also wie so oft von der weltlichen auf die religiöse Ebene verlagert.

Für die Tibeter versinnbildlicht daher *rgyal-mtshan* in erster Linie den Sieg der buddhistischen Lehre, den Sieg des Wissens über die Unwissenheit oder den Sieg über alle Hindernisse, also das Erlangen von Glück. Gleichzeitig beinhaltet es aber auch den Wunsch, die dauerhafte Beständigkeit des Glücks – sowohl des vorübergehenden weltlichen wie auch des endgültigen – im Sinne von *tendrel* zu bewirken.

Tabelle 1

Gegenstand	Schirm, rund, 1–3 Volants,	Siegeszeichen, zylindrisch, drei oder mehr Volants in ungerader Anzahl
Skizze		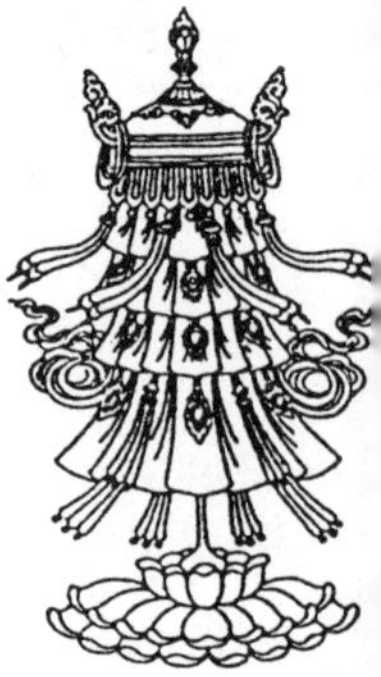
Tibetische Bez. im allg. Sprachgebr.	*gdugs*	*rgyal-mtshan*
Sonderform im Kloster-Sprachgebr.	–	*dkyil-gdugs ser-po*
Tibetische Bez. i. d. klass. Literatur	*gdugs*	–
Sanskrit-Bezeichnung	*chattra*	(*dhvaja*, aus der klass. Lit. als Bez. f. *rgyal-mtshan* übernommen)

Banner, flach, geschwungene Form, mit Applikation von drei Tierpaaren	Banner, flach, geschwungene Form, ohne Tierapplikationen	Fahne, flach, gerade Form
	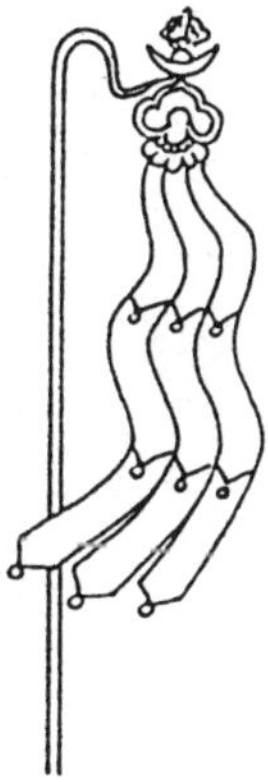	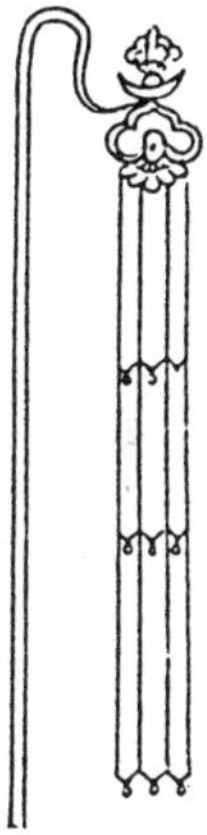
ba-dan	*ba-dan*	*phan*
–	–	–
rgyal-mtshan	*ba-dan*	*phan*
dhvaja	*pataka*	*paṭṭa*

Das Zeichen wurde auch außerhalb der Acht Glückssymbole vielfältig verwendet, zum Beispiel als Verzierung auf Tempeldächern. Auch die Dächer von Privathäusern, in denen ein vollständiger kanonischer Text *(bka'-'gyur)* vorhanden war, durften mit dem Siegeszeichen geschmückt werden. Ferner diente es als Hängeornament in Tempeln, als Spitze der langen Gebetsfahnen-Masten *(dar-chen)* oder manchmal als Spitze des Mastes für die tibetische Nationalfahne und als Attribut bestimmter Gottheiten, wie z. B. des Reichtumsbewahrers *Vaiśravana.*[18]

Das Rad

Das Rad als ein weiteres graphisches Symbol innerhalb der Acht Glückssymbole besteht aus Nabe, Reifen und meistens acht, manchmal auch mehr Speichen. Die ihm zugrundeliegende Kreisform ist ein universelles, in allen Kulturen benutztes Symbol. Im vorbuddhistischen Indien hatte das Rad hauptsächlich zwei Bedeutungen: einmal als Waffe und zum andern als Symbol für die Sonne oder – davon abgeleitet – für die Zeit bzw. für jede Art von zyklischer Bewegung.[19] Die Anzahl der Speichen wurde unterschiedlich überliefert, es konnten z. B. sechs, acht, zwölf, 32 oder 1000 sein. Sie wurden oft gleichgesetzt mit den Himmelsrichtungen oder einer Bewegung der Ausbreitung, während der Reifen das Element der Eingrenzung darstellte. Die Nabe wurde auch als Weltachse interpretiert. Das Rad fand Ver-

Dharma-Rad
chos-kyi- 'khor-lo

ཆོས་ཀྱི་འཁོར་ལོ།

Schwertrad
ral-gri'i 'khor-lo

རལ་གྲིའི་འཁོར་ལོ།

Abb. 2a

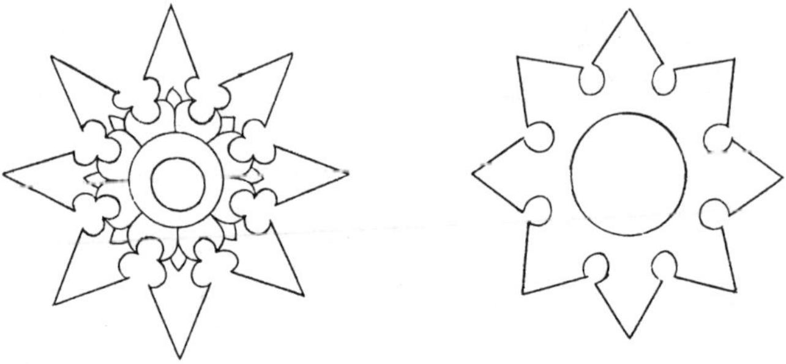

Zornvolles Waffenrad
drag-po'i mtshon-cha 'khor-lo

དྲག་པོའི་མཚོན་ཆ་འཁོར་ལོ།

Zornvolles Waffenrad mit 18 Speichen
rtse-mo bco-brgyad-pa'i drag-po'i mtshon-cha 'khor-lo

རྩེ་མོ་བཅོ་བརྒྱད་པའི་དྲག་པོའི་མཚོན་ཆ་འཁོར་ལོ།

Abb. 2b

wendung als Emblem oder Attribut hinduistischer Gottheiten.

In den Buddhismus hat die Waffen-Symbolik Eingang gefunden in der Form des Schutzrades, das zu den meditativen Vorstellungen bestimmter tantrischer Rituale gehört.[20] Das Schutzrad wird ohne Reifen dargestellt. Das könnte darauf hinweisen, daß es sich einfach aus der Bewegung einer im Kreis geschwungenen Waffe entwickelt hat.

Die wichtigste und bekannteste Form, die auch zu den Acht Glückssymbolen gehört, ist jedoch das Rad der Lehre, das Buddha mit seiner ersten Lehrrede in Bewegung gesetzt hat. Dementsprechend gibt es im Buddhismus verschiedene Erklärungen zu seiner Bedeutung. Eine davon bezieht sich auf die Drei Übungen der buddhistischen Praxis *(bslab-pa gsum):* Die Nabe steht für die Übung der ethischen Disziplin *(bslab-pa tshul-khrims kyi bslab-pa),* durch die der Geist gestützt und stabilisiert wird; die Speichen für die Anwendung der Weisheit in bezug auf die Leerheit *(bslab-pa śes-rab kyi bslab-pa),* mit der die Unwissenheit durchschnitten wird – hier wieder ein Anklang an den Waffen-Aspekt; der Reifen versinnbildlicht die Übung der Konzentration *(bslab-pa tiṅ-ṅe-'dzin gyi bslab-pa),* durch die die Praxis zuammengehalten wird.[21]

Auch innerhalb der Acht Glückssymbole hat das Rad eine rein religiöse Bedeutung als Sinnbild der buddhistischen Lehre. Es soll daran erinnern, daß der Dharma alles umfaßt und in sich geschlossen ist. Er hat keinen Anfang und kein Ende und ist gleichzeitig stabil und beweglich. Insofern sehen die Buddhisten darin die Vollständigkeit und Vollkommenheit der Lehre und den Wunsch nach ihrer weiteren Verbreitung ausgedrückt.

Die allgemeine Bedeutung der Acht Glückssymbole

Soweit die Erklärungen zu den einzelnen Zeichen. Es bliebe nur noch die Frage zu klären, warum gerade diese acht zu einer Gruppe zusammengefaßt wurden. Natürlich gibt es dazu keine logischen Begründungen. Es existieren lediglich in den kanonischen Texten einige Lobpreisungen, in denen Körper, Rede und Geist des Buddha mit den Acht Glückssymbolen verglichen werden. Im *bkra-śis brtsegs pa'i mdo*[22] lautet eine solche Textstelle wie folgt:

/ na-mo dbu-la bkra-śis gdugs-ltar-skyob /
/ spyan-la bkra-śis rin-chen gser-gyi-ña /
/ mgul-la bkra-śis rin-chen bum-pa-'khyil /
/ ljags-la bkra-śis padmo lo-'dab-rgyas /
/ gsuṅ-la bkra-śis chos-duṅ g'yas-su-'khyil /
/ thugs-la bkra-śis dpal-gyi be'u-gsal /
/ phyag-la bkra-śis yon-tan nor-bu-mchog /
/ sku-la bkra-śis mi-nub rgyal-mtshan-mchog /
/ źabs-la bkra-śis phrin-las 'khor-lo-lṅa[23] */*
/ bkra-śis rdzas-brgyad dṅos-grub dam-pa'i-mchog /
/ rdzas-mchog brgyad-kyi bkra-śis gaṅ-yin-pa /
/ deṅ-'dir bdag-cag rnams-la bkra-śis-phob /
/ bkra-śis des-kyaṅ rtag-tu bde-legs-śog /

»Verehrung dir mit dem Haupt wie ein schützender Glücksschirm,
mit den Augen wie kostbare, goldene Glücksfische,
mit dem Hals wie eine kostbare, verzierte Glücksvase,
mit der Zunge wie ein entfaltetes Glücks-Lotosblatt,
mit der Rede wie eine rechtsläufige Glücks-Dharmamuschel,
mit dem Geist wie ein strahlender, glorreicher Glücksknoten,
mit den Händen wie kostbare, vorzügliche Glücksjuwelen,
mit dem Körper wie ein kostbares, unvergängliches Glücks-Siegeszeichen,
mit den Füßen, die das Glücksrad der Aktivitäten besitzen.
Die Acht glückbringenden Dinge sind das Beste der vortrefflichen Verwirklichungen.

Möge jegliches Glück dieser acht kostbaren Dinge
heute hier Glück auf uns herabkommen lassen.
Möge durch dieses Glück auch für immer Heil sein.«

Sicherlich hätte man auch für jede andere Zusammenstellung von Glückssymbolen entsprechende Vergleiche finden können. Im *dga'-ldan dar-rgyas gliṅ-gi chos-spyod-las mṅa'-'bul-skor bźugs-so*[24] werden ebenfalls die Acht Glückssymbole als Ausdruck der Eigenschaften des Buddha beschrieben, aber mit ausführlicheren und etwas abgewandelten Vergleichen:

gdugs-la

/ rgyal-ba'i dbu-las skyob-byed grib-bsil-mchog /
/ gdul-bya'i dad-gsum mthus-brgyas legs-brten-rdzas /
/ thugs-rje śam-bus kun-nas bskor-ba can /
/ bkra-śis gdugs-kyis dge-legs 'bar-gyur-cig /

gser-ñar

/ kun-mkhyen spyan-gyi rgya-mtsho las-thon-źiṅ /
/ thabs-śes zung-'jug gźan-phan chab-la-brten /
/ don-gñis gser-mig 'phrin-las gśog-rlabs-che /
/ bkra-śis gser-ñas dge-legs 'bar-gyur-cig /

gter-bum

/ kun-mkhyen mgul-las 'dzad-med nam-mkha'i-mdzod /
/ 'dod-khams 'dab-ma gzugs-khams lto-bcud-ldan /
/ gzugs-med stoṅ-cha chas-brgyan srid-ź'i-dpal /
/ bkra-śis bum-pas dge-legs 'bar-gyur-cig /

padma-la

/ mi-yi seṅ-ge'i ljags-las dri-bral-rdzas /
/ 'khor-skyoṅ 'dam-gyis ma-gos kha-dog-mdzes /
/ rmna-grol dri-la skal-ldan bun-bas-rtsen /
/ bkra-śis pad-mas dge-legs 'bar-gyur-cig /

duṅ-g'yas-'khyil

/ 'dren-mchog tshems-las dri-med raṅ-byuṅ-rdzas /
/ rnam-dag lam-rim ri-mo g'yas-su-'khyil /
/ theg-chen chos-sgras 'brel-tshad dge-la-sbyor /
/ bkra-śis duṅ-gis dge-legs 'bar-gyur-cig /

dpa be'ur

/ rgyal-kun thugs-gsaṅ mtshon-byed za-ma-tog /
/ g'yuṅ-druṅ lu-gu rgyud-kyi dra-ba-can /
/ 'dzad-med gter-gyi ṅo-bo khyad-'phags-nor /
/ bkra-śis dpal-bes dge-legs 'bar-gyur-cig /

rgyal-mtshan la

/ rgyal-ba'i sku-mchog phyogs-las rnam-rgyal-rdzas /
/ srid-las rnam-grol rin-chen tog-daṅ-ni /
/ źi-la mi-gnas sna-tshogs dar-śam-can /
/ bkra-śis rgyal-mtshan dge-legs 'bar-gyur-cig /

'khor-lo la

/ tshogs-gñis btso-ma'i gser-sbyans rnam-dag-las /
/ legs-grub rab-'byams 'phrin-las rtsibs-stoṅ-ldan /
/ chos-nor 'dod-thar sde-bź'i 'byuṅ-gnas-che /
/ bkra-śis 'khor-lo dge-legs 'bar-gyur-cig /

»Zum Schirm:

Vom Kopf des Siegers kommt kühler, vortrefflicher Schatten, der [uns] schützt. Er ist [wie] ein Gegenstand, der durch die hundert Kräfte des dreifachen Vertrauens der zu zähmenden Lebewesen gut gestützt ist. Er ist von den Falten des Mitleids ganz umgeben. Möge durch den Glücksschirm Segen ausstrahlen.

Zu den goldenen Fischen:

Sie entstehen aus dem Meer der Augen des Allwissenden und bewegen sich im Wasser des Nutzens für die anderen, der im Zusammenfügen von Methode und Weisheit besteht. Ihre Goldaugen sind die zwei Arten des Nutzens. Der Flossenschlag ihrer Aktivitäten ist groß. Möge durch die goldenen Fische Segen ausstrahlen.

Zur Schatzvase:

Aus dem Hals des Allwissenden [strömt] der unerschöpfliche Himmelsschatz. Der Begierdebereich wird durch den Rand symbolisiert, der Formbereich durch den Bauch mit dem Inhalt, der formlose [Bereich] durch den leeren Raum. Die Verzierungen [entsprechen] der Herrlichkeit des *saṁsāra* und *nirvāṇa.* Möge durch die Glücksvase Segen ausstrahlen.

Zum Lotos:

Aus der Zunge des Menschenlöwen (= Buddha) wird ein makelloser Gegenstand. Obwohl er seine Begleiter im Sumpf [von *saṃsāra*] schützt, ist er unbefleckt und von schöner Farbe. Die glücklichen Bienen genießen den Duft der völligen Befreiung. Möge durch den Glückslotos Segen ausstrahlen.

Zum rechtsläufigen Schneckengehäuse:

Aus den Zähnen des besten Führers wird ein makelloser, selbst entstandener (= nicht von Menschen geformter) Gegenstand. Die Linien laufen rechts herum wie ein ganz reiner Stufenweg. Alles, was mit dem *dharma*-Klang des Großen Fahrzeugs in Verbindung kommt, verbindet sich mit dem Heilsamen. Möge durch die Glücksschnecke Segen ausstrahlen.

Zum glorreichen Knoten:

Der geheime Geist aller Sieger ist in diesem Gefäß symbolisiert. Der *svastika* beinhaltet das Netz der Kontinuität. Er ist das herausragende Juwel der Essenz des unerschöpflichen Schatzes. Möge durch den glorreichen Glücksknoten Segen ausstrahlen.

Zum Siegeszeichen:

Der vortreffliche Körper des Siegers wird zum Gegenstand des völligen Sieges nach allen Seiten. Seine kostbare Spitze befreit völlig von den Existenzen. Die vielfachen Seidenfalten symbolisieren das Nicht-Verweilen im Frieden [von *nirvāṇa*]. Möge durch das Glücks-Siegeszeichen Segen ausstrahlen.

Zum Rad:

Es ist in guter Weise zustande gekommen aus dem vollkommen reinen, echten, puren Gold der zwei Ansammlungen. Es besitzt die tausend Speichen der zahllosen Aktivitäten. Es ist die große Quelle der Vier Gruppen [des Wünschbaren], nämlich *dharma*, Reichtum, Liebe und Befreiung *(chos, nor, 'dod-pa, thar-pa).* Möge durch das Glücksrad Segen ausstrahlen.«

Texte wie dieser bestehen praktisch aus nichts anderem als einer Aneinanderreihung von verschlüsselten Aussagen – fast wie ein Computerprogramm. Wenn das Programm abläuft, bringt es eine Menge von Wirkungen hervor, die man, besonders als Nicht-Fachmann, dem niedergeschriebenen Code nicht ansehen konnte. Nahezu jedes Wort kann von mindestens drei verschiedenen Bedeutungsebenen her erklärt werden, die in der reinen Übersetzung einfach nicht zu erkennen sind. Ein Kommmentar kann hier etwas weiterhelfen, aber die gesamte Fülle der möglichen und beabsichtigten Assoziationen ist ohne den entsprechenden Erfahrungshintergrund kaum mitteilbar.

Dennoch möchte ich den Versuch unternehmen, am Beispiel der 7. Strophe dieses Rezitationstextes zu verdeutlichen, was die einzelnen Begriffe alles an Bedeutungen enthalten. Der Text lautet also:

»Der vortreffliche Körper des Siegers wird zum Gegenstand des völligen Sieges nach allen Seiten. Seine kostbare Spitze befreit völlig von den Existenzen. Die vielfachen Seidenfalten symbolisieren das Nicht-Verweilen im Frieden (von *nirvāṇa). Möge durch das Glücks-Siegeszeichen Segen ausstrahlen.«*

Dabei tauchen zu den einzelnen Begriffen und Wendungen beispielsweise folgende Assoziationen auf:

Unter »Sieg« verstehen wir das Überwinden aller Schleier *(sgrib-pa,* skr. *avāraṇa),* Illusionen und geistigen Hindernisse, also den Zustand der Buddhaschaft. Ein Buddha, ein »Sieger« also, hat diesen Zustand »völlig« und endgültig verwirklicht, und zwar »nach allen Seiten«, das heißt, in jeder Beziehung, in jeder Hinsicht, ohne Einschränkungen. Das Erlangen der Buddhaschaft ist gleichbedeutend mit dem Erlangen der beiden Buddhakörper, nämlich *dharmakāya (chos-sku)* und *rūpakāya (gzugs-sku),* worunter im weitesten Sinne die vollkommene Erkenntnis und die vollkommenen Aktivitäten eines Buddha verstanden werden können. Aus diesen beiden Aspekten besteht der »vortreffliche Körper« des Buddha als Symbol für den Zustand der Buddhaschaft.

Der Buddhakörper wird nun wiederum versinnbildlicht durch den »Gegenstand« des völligen Sieges nach allen Seiten, nämlich das Siegeszeichen. Seine »kostbare Spitze«, also der höchste Punkt und krönende Abschluß, symbolisiert ebenfalls die Buddhaschaft als den höchsten Zustand und die völlige Befreiung von *saṃsāra,* dem Kreislauf der zwangsläufigen Wiedergeburten. Die »vielfachen Seidenfalten« stehen für die mannigfaltigen Aktivitäten eines Buddha.

Die Entfaltung vollkommener Aktivitäten setzt vollkommene Freiheit von allen Hindernissen voraus. Ein mögliches Hindernis für das Erlangen der Buddhaschaft und das Ausüben der entsprechenden Aktivitäten ist jedoch das »Verharren im Frieden von *Nirvāṇa*«, also im Zustand der individuellen Befreiung. Will man dieses Hindernis auf dem Weg zur Buddhaschaft überwinden, so muß man sich entschlossen aus dem Frieden von *Nirvāṇa* herausreißen. All das wird durch die Seidenfalten des Siegeszeichens veranschaulicht.

In dem tibetischen Ausdruck *źi-la mi-gnas* (dt. im Frieden nicht verweilen) klingt noch eine weitere Bedeutung an: Diejenigen, die im Frieden nicht verweilen, die sich also im gewohnten friedlosen Zustand normaler Menschen befinden, sollen durch die Seidenfalten, die die Buddha-Aktivitäten symbolisieren, an die Möglichkeit der spirituellen Entwicklung und der Überwindung des Leidens erinnert und auf diese Weise positiv beeinflußt werden – und zwar in »vielfältiger« Weise, wie ja auch die Menschen ihrem Wesen und ihrer Kapazität nach sehr vielfältig sind.

Die »Seide«, ein besonders edler, feiner, weicher und geschmeidiger Stoff, symbolisiert die geschickten Methoden des Buddha, der sich allen Lebewesen zuwendet und sich dabei mühelos allen Gegebenheiten, Umständen und vorhandenen Möglichkeiten anpassen kann. Der Glanz seiner Aktivitäten zieht die Menschen förmlich an, ebenso, wie man fast nicht widerstehen kann, ein Stück Seidenstoff zu berühren, das vor einem liegt.

Soweit eine kurze Beschreibung der Bilder und Gedanken, die im Bewußtsein eines entsprechend ausgebildeten Tibeters aufsteigen, wenn solche Texte rezitiert werden. Diese wenigen Andeutungen sind bei weitem nicht vollständig. Hätten wir unbeschränkt Platz und Zeit zur Verfügung, so könnten wir uns mit fast jedem Wort fast jeden Textes in ähnlicher Weise beschäftigen. Wir kommen dabei immer wieder auf das in der Einleitung beschriebene »holographische Prinzip« zurück, nach dem das Ganze in jedem seiner Elemente enthalten ist und von dort aus auch wahrgenommen und gedeutet werden kann. Jedes Symbol führt bei anhaltender Betrachtung zum Wissen über die Gesamtheit.

Jedenfalls ist schon aus einer oberflächlichen Analyse zu ersehen, daß die Verwendung der Acht Glückssymbole den intensiven Wunsch ausdrückt, günstige Umstände auf der weltlichen und der religiösen Ebene so umfassend wie möglich darzustellen und in ihrer Gesamtheit herbeizuführen. Der Zahl »Acht« kommt dabei im Kontext der buddhistischen Überlieferung noch zusätzlich eine besondere Bedeutung zu.[25]

Die Verwendung der Acht Glückssymbole

Bildliche Darstellungen der Acht Glückssymbole finden sich unter anderem auf Ritualgegenständen, Miniaturkultbildern *(tsakli)* und Rollbildern *(thaṅ-ga)*. Sie werden als Dekoration auf Wänden und Balken, an den Thronseiten und auf verschiedenen Gegenständen des religiösen und des alltäglichen Gebrauchs angebracht. Mit weißem oder farbigem Pulver zeichnet man sie auf den Weg, der von hohen geistlichen oder weltlichen Würdenträgern begangen wird. Ferner werden sie als gegenständliche oder geistig vorgestellte Opfergaben bei verschiedenen Anlässen dargebracht.

So gibt es zur Heranziehung von Segen *(byin-rlabs)* ein tantrisches Ritual namens *rab-gnas* (dt. vollständiges Verweilen), das beim Herstellen, Füllen und Weihen von Statuen sowie beim Einweihen von Gebäuden oder Segnen von Feldern ausgeführt wird. Der Lama ruft die Erkenntniswesen *(ye-śes-pa,* skr. *jñanasattva)* an, bringt ihnen Opfergaben in Form der Acht Glückssymbole dar und verschmilzt sie mit dem zu segnenden Objekt. Dieses Anrufen und Verschmelzen ist das Kernstück fast aller tantrischen Rituale. Die tibetische Interpretation dieses Vorgangs lautet etwa folgendermaßen: Der ausführende Meister steht ständig mit der tantrischen Realität in Verbindung. Kraft seiner meditativen Fähigkeiten kann er aus allen Richtungen eine besondere geistige Energie heranziehen, konzentrieren und mit einem vorgestellten oder tatsächlichen Objekt dauerhaft verbinden. Die »herangezogenen« Energien werden als »Erkenntniswesen« *(ye-śes-pa,* skr. *jñānasattva)* bezeichnet, die physischen oder vorgestellten Objekte der Segnung als »Vorstellungswesen« *(dam-tshig-pa,* skr. *samayasattva).*

Für dieses Ritual gibt es verschiedene Texte. Einer der ausführlichsten wird vom *rGyud-stod-grva-tshaṅ* (Oberes Tantra-Kolleg) verwendet. Die Darbringung der Opfergaben wird von folgender Rezitation begleitet:

/ ji-tar sṅon-gyi saṅs-rgyas la /
/ gdugs-dkar gser-gyi yu-ba can /
/ phul-ba de-bźin bdag-'bul gyi /
/ ci-bde bar-ni bźes-su gsol /

/ ji-tar sṅon-gyi saṅs-rgyas la /
/ na-bza' gser-gyi ña-ris can /
/ phul-ba de-bźin bdag-'bul gyi /
/ ci-bde bar-ni bźes-su gsol /

/ ji-tar sṅon-gyi saṅs-rgyas la /
/ re-ba thams-cad rdzogs-mdzad pa'i /
/ bum-pa bzaṅ-po phul-ba ltar /
/ de-bźin bdag-gis dbul-bar bgyi /

/ ji-ltar sṅon-gyi saṅs-rgyas la /
/ 'dam-gyi skyon-gyis ma-gos pa'i /
/ padma dkar-po phul-ba ltar /
/ de-bźin bdag-gis dbul-bar bgyi /

/ ji-ltar sṅon-gyi saṅs-rgyas la /
/ sñan-pa phyogs-bcur sgrog-pa yi /
/ 'bud duṅ g'yas-'khyil phul-ba ltar /
/ de-bźin bdag-gis dbul-bar bgyi /

/ ji-ltar sṅon-gyi saṅs-rgyas la /
/ dpal-gyi be-'u g'yuṅ-druṅ 'khyil /
/ dge-ba'i don-du mṅa'-ba ltar /
/ de-bźin bdag-gis dbul-bar bgyi /

/ ji-ltar sṅon-gyi saṅs-rgyas la /
/ ñon-mons bdud-las rgyal-ba yi /
/ chos-kyi rgyal-mtshan phul-ba ltar /
/ de-bźin bdag-gis dbul-bar bgyi /

/ ji-ltar sṅon-gyi saṅs-rgyas la /
/ gser-gyi 'khor-lo mu-khyud can /
/ tshaṅs-pa chen-pos phul-ba ltar /
/ de-bźin bdag-gis dbul-bar bgyi /[26]

»So wie man einstmals dem Buddha den weißen Schirm mit dem goldenen Stock dargebracht hat, ebenso werde ich ihn darbringen. Bitte nimm ihn an, so wie es dir beliebt.

So wie man einstmals dem Buddha die Kleidung mit der Zeichnung der goldenen Fische dargebracht hat, ebenso will ich sie darbringen. Bitte nimm sie an, so wie es dir beliebt.

So wie man einstmals dem Buddha die gute Vase dargebracht hat, die alle Hoffnungen erfüllt, ebenso will ich sie darbringen.

So wie man einstmals dem Buddha den weißen Lotos dargebracht hat, der nicht vom Schmutz des Sumpfes befleckt ist, ebenso will ich ihn darbringen.

So wie man einstmals dem Buddha das rechtsläufige Schneckengehäuse dargebracht hat, welches den Ruhm des Dharma in die zehn Richtungen ertönen läßt, ebenso will ich es darbringen.

So wie einstmals der Buddha den endlosen Knoten, der sich wie ein Svastika dreht, um der Verdienste willen besessen hat, ebenso will ich ihn darbringen.

So wie man einstmals dem Buddha das Siegesbanner des Dharma dargebracht hat, welches die Dämonen der Beflekkungen besiegt, ebenso will ich es darbringen.

So wie einstmals dem Buddha das goldene Rad mit Umrahmung vom großen Brahman dargebracht worden ist, ebenso will ich es darbringen.«

Ein weiteres Ritual, bei dem die Acht Glückssymbole als Opfergaben Verwendung finden, ist die Zeremonie für das »Feste Verweilen« *(brtan-bźugs).* Sie enthält im wesentlichen die Bitte an einen Lama, in der gegenwärtigen Inkarnation lange erhalten zu bleiben. Die begleitende Rezitation lautet in einem der Texte:

> / *'khor-lo rgyal-mtshan gdugs-daṅ dpal-be'u* /
> / *padma bum-bzaṅ gser-ña duṅ-g'yas-'khyil* /
> / *mchog-tu bkra-śis mtshan-pa'i rtags-brgyad-po* /
> / *phyogs-dus kun-tu dge-legs 'phel-phyir-'bul* /[27]

»Ich bringe dar das Rad, das Siegeszeichen, den Schirm und den glorreichen Knoten, den Lotos, die Schatzvase, die goldenen Fische und das rechtsläufige Schneckengehäuse, die acht Zeichen, die aufs beste Glück symbolisieren. Mögen sich dadurch gute, heilsame Wirkungen in alle Richtungen und Zeiten ausbreiten.«

Findet im Rahmen einer tantrischen Einweihung die Ermächtigung *(dbaṅ)* des Schülers als *Vajra*-Lehrer statt, so werden ihm anschließend vom eigenen Lehrer die Acht Glückssymbole als Opfergabe dargebracht.[28, 29] Die Bezeichnung »*vajra*-Lehrer« *(rdo-rje slob-dpon)* wird allgemein für den tantrischen Lehrer benutzt. Der *vajra* (*rdo-rje*, dt. Herr der Steine) ist eines der wichtigsten Einzelsymbole vor allem des tibetischen Buddhismus, das Sinnbild der Unzerstörbarkeit und Unerschütterlichkeit, die den höchsten Geisteszustand kennzeichnen, wie er im Tantra angestrebt wird. Die tantrischen Methoden gelten ja als die mächtigsten, wenn es um die Überwindung der geistigen Gifte geht. Der tantrische Meister wird denn auch »Halter des *vajra*« *(rdo-rje 'chaṅ*, skr. *vajradhara)* genannt. Das bedeutet, er besitzt in vollem Umfang die Fähigkeit, diese Methoden anzuwenden. Er betrachtet es als seine Aufgabe, den *vajra* an seine Schüler weiterzugeben. Entsprechende Rezitationen sind beispielsweise Bestandteil der Einweihungszeremonie. Mit »Überreichung des *vajra*« ist in diesem Zusammenhang also nicht gemeint, daß dem Schüler nun der Ritualgegenstand *vajra*, bestehend aus Metall mit in der Regel zweimal fünf Speichen, ausgehändigt wird. Vielmehr geht es bei dieser symbolischen Handlung darum, daß der Lehrer während der gemeinsamen Meditationen der Einweihungszeremonie seine Fähigkeit direkt auf den Schüler überträgt, wodurch dieser selbst ein potentieller *vajra*-Lehrer wird und damit würdig, Opfergaben zu empfangen.

Bei der Inthronisation einer Persönlichkeit von hohem geistlichen oder weltlichen Rang dienen ebenfalls die Acht Glückssymbole als Opfergabe. So beschreibt z. B. Khri-byaṅ rin-po-che in seiner Autobiographie die im Eisen-Schlange-Jahr (1941) erfolgte Inthronisation von sTag-brag rin-po-che als Regent von Tibet und Stellvertreter des damals noch unmündigen XIV. Dalai Lama sowie die symbolische Wieder-Inthronisation des XIV. Dalai Lama selbst auf seiner Flucht vor den Chinesen im Jahr 1959, kurz vor dem Überschreiten der tibetisch-indischen Grenze. In beiden Fällen erwähnt Khri-byaṅ rin-po-che die Darbringung der Acht Glückssymbole.[30]

Ferner können sie verwendet werden bei Ritualen zum Neujahrsfest, Danksagungszeremonien oder ganz allgemein bei allen Ritualen, mit denen geplante Vorhaben oder Ereignisse (wie z. B. Reisen) günstig beeinflußt werden sollen.

Abb. 3

2 Die Acht glückbringenden Dinge

Bei der Zusammenstellung von Symbolen, die als die Acht glückbringenden Dinge bekannt sind, handelt es sich um folgende Objekte:

Der Spiegel *(me-loṅ*, skr. *ādarśa)*
[Die Medizin] *ghi-vaṅ (ghi-vaṅ*, skr. *gorocanā)*
Der Joghurt *(źo*, skr. *dadhi)*
Das *dūrvā*-Gras *(rtsva dur-ba*, skr. *dūrvā)*
Die *bilva*-Frucht *(śin-tog bil-ba*, skr. *bilva)*
Das rechtsläufige Schneckengehäuse *(duṅ g'yas-'khyil*, skr. *dakṣināvartaśaṅkha)*
Der Zinnober *(li-khri*, skr. *sindūra)*
Die Senfkörner *(yuṅs-kar*, skr. *sarṣapa)*

Wie die Acht Glückssymbole werden auch die Acht glückbringenden Dinge bereits in den kanonischen Texten erwähnt.[1] Des weiteren werden sie in vielen tibetischen Texten angeführt, wie zum Beispiel im *Verzeichnis der Begriffe, die in dem Korb vorkommen, der das Tantra-Wissen enthält (gsaṅ-sṅags rig-pa-'dzin-pa'i sde-snod-las byuṅ-ba'i miṅ-gi graṅs)* von Longdol Lama.[2]

Es gibt verschiedene Erklärungen zu ihrer symbolischen Bedeutung, die sich nach Ausführlichkeit und Gehalt zum Teil stark unterscheiden. Wegen seiner anspruchsvollen und tiefgründigen Erläuterungen wurde hier der Text *bkra-śis rdzas-rtags-kyi bśad-pa khag-cig*[3] des VI. Paṇ-chen rin-po-che herangezogen. Ich habe Auszüge aus den Erläuterungen übersetzt und teilweise mit einem Kommentar versehen, um das Verständnis der Symbole aus dem tibetisch-buddhistischen Denken heraus zu illustrieren.

Zur generellen Bedeutung des *bkra-śis rdzas-rtags-kyi bśad-pa khag-cig* sei noch auf folgendes hingewiesen: Der VI. Paṇ-chen rin-po-che verknüpft die Zeichen jeweils mit Erklärungen aus dem Bereich des Tantra oder des *bodhisattva*-Weges. Wie bereits im Vorwort ausgeführt, dient ein solches Vorgehen dazu, immer wieder die verschiedenen Elemente der äußeren, sichtbaren Welt und der inneren, meditativen Welt als *tendrel* zu erfassen und miteinander zu verbinden.

So erwähnt er beispielsweise bei jedem Symbol den Begriff »Nutzen« *(don)*, und zwar beim Spiegel *(me-loṅ)* die »Vollkommenheit des Nutzens für sich selbst« *(raṅ-don phun-tshogs)* und bei den anderen Zeichen die »Vollkommenheit des Nutzens für die anderen« *(gźan-don phun-tshogs)*. Dahinter verbergen sich die beiden Gedanken, die zusammen eine Einheit bilden und die *mahāyāna*-Motivation ausmachen: zum einen der Wunsch, Buddhaschaft zu erlangen, also den eigenen Nutzen zu verfolgen; zum anderen der Wunsch, allen Lebewesen auf die bestmögliche Art und Weise helfen zu können, also den Nutzen der anderen zu suchen. Im »Erleuchtungsgedanken« *(byaṅ-chub-kyi sems,* skr. *bodhicitta)* fallen diese beiden Arten des Nutzens *(don-gñis)* zusammen und bilden eine Einheit: Der Wunsch, Buddhaschaft zu erlangen, ist nichts anderes als der Wunsch, allen Lebewesen auf die bestmögliche Art und Weise zu helfen – und umgekehrt.

Die sieben Zeichen, die mit der Vollkommenheit des Nutzens für die anderen in Zusammenhang stehen, können ferner den vier Arten der Buddha-Aktivitäten *(las-bźi* oder *'phrin-las bźi,* skr. *catvāri samudacāra)* wie folgt zugeordnet werden:

Friedliche Aktivitäten *(źi-ba'i las,* skr. *śānticāra):*
ghi-vaṅ;
Aktivitäten der Vermehrung *(rgyas-pa'i las,* skr. *vipulacāra):*
Joghurt, *dūrvā*-Gras, *bilva*-Frucht, Schneckengehäuse;
Aktivitäten der Macht *(dbaṅ-gi las,* skr. *bhāgyacāra):*
Zinnober;
Aktivitäten des Zorns *(drag-po'i las,* skr. *raudracāra):*
Senfkörner.

In den Angaben des *bkra-śis rdzas-rtags-kyi bśad-pa khag-cig* zu dem Zeichen *Ghi-vaṅ* wird auf die vier Arten von Buddha-Aktivitäten als eine besondere Eigenschaft des Tantra sowie auf ihren Zusammenhang mit den Acht glückbringenden Dingen ausdrücklich hingewiesen (siehe Seite 71 ff.).

Ferner tauchen im Text gelegentlich Hinweise auf die Körper des Buddha und auf die Fünf Buddhafamilien *(rgyal-ba rigs-lṅa,* skr. *pañca jina)* auf. Die Erklärungen des Paṇ-chen rin-po-che richten sich also wohl an einen Leserkreis, der mit den fortgeschrittenen Studien und Formen der Praxis vertraut ist. Der Begriff »Körper des Buddha« wird in unseren Ausführungen zum Spiegel näher erläutert. Was man unter den Fünf Buddhafamilien versteht, soll hier kurz angedeutet werden:

Die Methoden der tantrischen Praxis verlangen von dem Praktizierenden, intensiv mit seiner individuellen Realität zu arbeiten, die sich aus den fünf Komponenten *(phuṅ-po lṅa,* skr. *pañca skandha)* zusammensetzt: Form *(gzugs,* skr. *rūpa)*, Gefühl *(tshor-ba,* skr. *vedanā)*, Wahrnehmung *('du-śes,* skr. *samjñāna)*, karmisches Gestalten *('du-byed,* skr. *samskāra)* und Bewußtsein *(rnam-par śes-pa,* skr. *vijñāna)*. Diese fünf Komponenten sind die Grundlage der eigenen Identifikation, die Basis unseres Ich-Gefühls. Sie sind gleichzeitig Ausgangspunkt und »Arbeitsmaterial« des Praktizierenden bei seinem Bemühen um die Erlangung der Buddhaschaft. Am Beginn seines spirituellen Weges verfügt er über nichts anderes als seine fünf *skandhas* in ungereinigter Form. Schleier, Illusionen, Unwissenheit hindern ihn daran, von den Möglichkeiten, die in seinen Persönlichkeitskomponenten angelegt sind, anders als in sehr eingeschränkter, unvollkommener, leidvoller Weise Gebrauch zu machen.

Dementsprechend ist auch sein Geist von den »fünf Giften« verunreinigt, nämlich Haß *(źe-sdaṅ)*, Unwissenheit *(gi-mug)*, Überheblichkeit/Geiz *(ṅa-rgyal/ser-sna)*, Anhaftung *('dod-chags)* und Neid *(phrag-dog)*, die im Lauf der Zeit durch den Prozeß der meditativen Praxis in die fünf Arten der Erkenntnis *(ye-śes lṅa)* eines Buddha umgewandelt werden. Parallel dazu werden die fünf *skandhas* in eine völlig gereinigte Form, nämlich den Körper der Fünf Buddhas, transformiert: *Mi-bskyod-pa* (skr. *Akṣobhya*), *rNam-par-snaṅ-mdzad* (skr. *Vairocana*), *Rin-chen-'byuṅ-ldan* (skr. *Ratnasambhava*), *'Od-dpag-med* (skr. *Amitābha*), *Don-yod-grub-pa* (skr. *Amoghasiddhi*). Sie werden als die fünf Aspekte der Buddhaschaft betrachtet.

Alle Elemente, die die Welt des Praktizierenden ausmachen, kann er als Bausteine dieser Transformation benutzen. Deshalb werden auch den Fünf Buddhas in einer bestimmten Anordnung bzw. einem Bereich *(dkyil-'khor,* skr. *maṇḍala)* Farben, Himmelsrichtungen, Elemente, Embleme und Arten der Erkenntnis zugeordnet, die wiederum den *skandhas* und den falschen Einstellungen gegenüberstehen und ihnen entsprechen.

Jede der zahllosen tantrischen Meditationsgottheiten »beinhaltet« alle fünf Aspekte, wobei jeweils einer davon den Schwerpunkt bildet, wodurch es zur besonderen Betonung bestimmter Eigenschaften und Tendenzen kommt, aus denen sich wiederum die Schwerpunkte der jeweiligen Praxis ergeben. Erklärungen hierzu finden sich in dem Text *dPal gsaṅ-ba 'dus-pa mi-bskyod rdo-rje'i dkyil-'khor-gyi cho-ga dbaṅ-gi don-gyi de-ñid rab-tu gsal-ba* von Tsoṅ-kha-pa.[4]

Jedenfalls verfügt der Praktizierende am Ende seines Weges, im Zustand der Buddhaschaft, immer noch über die gleichen fünf *skandhas,* nun aber in transformierter, völlig gereinigter Form, genannt die Fünf Buddhas oder die Fünf Buddhafamilien.

Der Spiegel

Obwohl kein Naturprodukt, sondern von Menschenhand gemacht, bietet sich der Spiegel aufgrund seiner Beschaffenheit als Symbolgegenstand geradezu an: Er ist klar, glänzend und reflektiert unterschiedslos alle Erscheinungen. Damit ist er geeignet als Sinnbild für bestimmte Funktionen des menschlichen Geistes. Er findet nicht nur im Zusammenhang mit den Acht glückbringenden Dingen, sondern auch einzeln in Ritualen wie der »Waschungszeremonie«[5] *(khrus-gsol)* Verwendung.

Die Erklärungen des *bkra-śis rdzas-rtags-kyi bśad-pa khag-cig* zum Spiegel lauten wie folgt:

»...Der Spiegel *(me-loṅ)* ist ein Zeichen *(rten-'brel)* für die Vollkommenheit des Nutzens für einen selbst *(raṅ-don phun-tshogs)*... Der Spiegel besitzt zwei Eigenschaften: Er ist frei von Rost *(g'ya'-dag-pa)* und gibt verschiedene Formen wieder. Solchermaßen [entwickelt sich aus] dem subtilen Bewußtsein *(sems-ñid)*, das seiner Natur nach klar und ganz rein von vorübergehenden Beschmutzungen *(glo-bur-gyi dri-ma)* ist,

– der Essenz-Körper *(ṅo-bo ñid-sku,* skr. *svabhāvika-kāya),* nämlich die Vollkommenheit der Entsagung *(spaṅs-pa phun-tshogs);* dieser Körper besitzt zwei Reinheiten; ...

- der Erkenntnis-Körper *(ye-śes chos-sku,* skr. *jñānadharmakāya),* nämlich die Vollkommenheit der Erlangung *(rtogs-pa phun-tshogs),* der alle Formen, wie sie auch sein mögen und wie viele sie auch sein mögen *(ji-lta ji-sñed),* gleichzeitig direkt erfaßt.

Um diese beiden Körper zu erlangen, wurde der Spiegel, der als Zeichen vollständig alle Voraussetzungen dafür besitzt, früher dem Buddha *Śakyamūni* dargebracht ...«[6]

Soweit der Text. Was soll man darunter verstehen? Ausführliche Erläuterungen zu den einzelnen Symbolen sind im Rahmen dieser Arbeit nicht möglich, aber am Beispiel des Spiegels möchte ich noch einige Hinweise zum Verständnis dieser Erklärungen aus tibetisch-buddhistischer Sicht geben:

Der Spiegel wird als »klar« und »erfassend« beschrieben. Er besitzt also zwei der drei Eigenschaften des Bewußtseins (unbegrenzt, klar, erfassend) und wird daher zum Symbol dafür. Man unterscheidet ein Hauptbewußtsein *(gtso-sems)* und eine Reihe von Zuständen oder vorübergehenden »Aufwallungen«, die abwechselnd aus diesem Bewußtsein heraus entstehen können *(sems-byuṅ).* Die bekannteste Aufzählung nennt 51 solcher »Geistesfaktoren«. Jeder Mensch kennt sein Oberflächenbewußtsein, mit dem er sich im Alltag bewegt und das seine Handlungen steuert. Unter dem Oberflächenbewußtsein liegen jedoch feinere Schichten bis hin zum subtilsten Bewußtsein *(gñug-sems),* das Eindrücke von allen relevanten Handlungen der betreffenden Person speichert. Reinkarnation beruht auf dieser Speicherfunktion des subtilsten Bewußtseins, das der gemeinsame Nenner zwischen den Existenzen ist. Die vorher gespeicherten Eindrücke werden irgendwann – in der gleichen oder einer späteren Existenz – als Erfahrungen abgerufen oder aktiviert. Dies ist nur verständlich auf der Grundlage eines Weltbilds, in dem eine wahrnehmende, interpretierende und gestaltende Beziehung angenommen wird zwischen dem Bewußtsein des Individuums und seiner Realität.

Die Schichten unterhalb des Oberflächenbewußtseins entziehen sich normalerweise dem Zugriff des Menschen. Sie werden jedoch dem Praktizierenden nach und nach in immer tieferer Versenkung zugänglich.

Von der Geburt bis zum Tod ist jede Existenz pausenlos begleitet von Aktivitäten des Bewußtseins. Die Bandbreite der möglichen »Aufwallungen« ist sehr groß. Sie reicht von extrem dumpfen, leidvollen Zuständen bis zu unbeschreiblicher Freude und Klarheit. Zweck des spirituellen, hier des buddhistischen Weges ist es, brachliegende Fähigkeiten zu nutzen und das Potential in positiver Richtung voll zu erschließen. Der angestrebte Endzustand, unter dem die vollkommene Verwirklichung all dessen verstanden wird, was das Bewußtsein überhaupt verwirklichen kann, ist im *Mahāyāna* die Buddhaschaft. Man bezeichnet sie auch mit »Wissen, was immer es zu wissen gibt« *(ji-sñed-pa rtogs-pa'i ye-śes),* das bedeutet gleichzeitig, daß damit automatisch Unwissenheit und alle daraus resultierenden Leiden beendet sind.

Wie bereits erwähnt, wird die Realisierung der Buddhaschaft unter anderem umschrieben als das Erlangen der verschiedenen »Buddhakörper«. Darunter versteht man jedoch nicht etwa physische Körper, sondern die verschiedenen Aspekte der Qualitäten und Fähigkeiten eines Buddha. Daher gibt es auch für die Buddhakörper je nach Blickwinkel und Funktion verschiedene Begriffe und Klassifizierungen.

In Paṇ-chen rin-po-che's Text werden zwei davon genannt. In Wirklichkeit ist es natürlich so, daß es im Stadium der Buddhaschaft eine Trennung zwischen verschiedenen Arten von Buddhakörpern, die sich gegeneinander abgrenzen lassen, nicht gibt. Ein Hinweis auf die Unmöglichkeit solcher Unterscheidungen ist der Satz:

/ ye-śes ji-sñed khyab-gyur-pa /
/ sku-yis kyaṅ-ni de sñed-khyab /[7]

»So weit die Erkenntnis [des Buddha] reicht,
so weit reicht auch sein Körper«.

Trotzdem hat man, zur Veranschaulichung für die Praktizierenden, die in ihrem Denken und ihren Vorstellungen noch an die menschlichen Konzepte gebunden sind, gewissermaßen aus didaktischen Gründen gewisse Unterscheidungen getroffen:

gzugs-sku (skr. *rūpakāya*), Körper in Verbindung mit der Form,
chos-sku (skr. *dharmakāya*), Körper in Verbindung mit dem Geist,
unterteilt in:
– *ye-śes chos-sku* (skr. *jñānadharmakāya*), Erkenntniskörper,
– *ṅo-bo-ñid-sku* (skr. *svabhāvikakāya*), Essenzkörper.

Dabei sind Erkenntniskörper und Essenzkörper lediglich bestimmte Aspekte des *dharmakāya,* nämlich seine Erkenntnis und seine Reinheit. Der Spiegel wiederum symbolisiert den Erkenntniskörper, weil er gleichzeitig und unterschiedslos alle Erscheinungen widerspiegelt. Und ebenso symbolisiert er den Essenzkörper, weil er klar und rein von Verschmutzungen ist. Bringt man ihn mit all diesen begleitenden Vorstellungen als Opfergabe dar, so wird durch diese Handlung ein Eindruck im subtilen Bewußtsein abgespeichert, der, zusammen mit vielen anderen ähnlichen Eindrücken, letztlich dazu führen soll, daß der Darbringende selbst die Körper eines Buddha, das heißt, die Buddhaschaft, realisiert.

Soweit meine Erläuterungen aus der Sicht der tibetisch-buddhistischen Praxis. Bei den folgenden Symbolen wird jeweils ein weiterer Textabschnitt übersetzt und erforderlichenfalls kurz kommentiert.

[Die Medizin] ghi-vaṅ

Ghi-vaṅ ist kein tibetisches Wort, es wurde aus dem Chinesischen übernommen. Dort steht *ghi'u* für »Kuh« und *dbaṅ* für »Essenz« (unterschiedliche Schreibweisen sind möglich). Es handelt sich dabei also um eine Substanz tierischer Herkunft, nämlich eine Art Gallenstein, der bei Rindern vorkommt und bis heute in der tibetischen Medizin Verwendung findet. Das 1979 erschienene Handbuch *Maßstäbe der tibetischen Medizin* des »Gesundheitsamtes der Autonomen Region Tibet und fünf weiterer Regionen« *(Bod-sman-gyi tshad-gźi)* erwähnt unter dem Stichwort *Ghi-vaṅ*:

»Diese medizinische Substanz ist ein Gallenstein von Ochse, Kuh, Dri *('bri)* und Yak *(g'yag)*. Wenn man beim Schlachten *ghi-vaṅ* sieht, sollte man die Gallenflüssigkeit entfernen und es herausnehmen, die äußere Haut entfernen und es trocknen lassen.«

Nach einer ausführlichen Beschreibung des Aussehens und der Eigenschaften wird auf die Verwendbarkeit eingegangen:

»In Verbindung mit anderen Substanzen bewirkt es klare Gedanken, hilft gegen Fieber, Schleimauswurf, Nervosität, unterstützt die Funktionen der Organe, hilft gegen Vergiftungen, Ohnmachtsanfälle, geistige Störungen, Angstanfälle bei Kindern und gegen Furunkel.«[8]

Bei Monier-Williams findet sich unter *gorocanā*:

»ein heller, gelber Stoff, hergestellt aus Rindergalle (verwendet beim Malen, Färben und Anbringen des *tilaka* auf der Stirn; in der Medizin benutzt als Sedativum, Tonikum und Wurmmittel).«[9]

Es handelt sich also um ein im asiatischen Kulturraum verbreitetes Beruhigungs- und Stärkungsmittel. Aus der ihm zugeschriebenen wohltätigen Wirkung auf das Nervensystem, also indirekt auf das psychische Befinden, läßt sich vielleicht erklären, warum unter allen medizinischen Substanzen gerade *ghi-vaṅ* zu den Acht glückbringenden Dingen gezählt wurde. Wegen der mühsamen Methode der Gewinnung ist es natürlich auch sehr kostbar.

Zur Symbolbedeutung ist im *bkra-śis rdzas-rtags-kyi bśad-pa khag-cig* folgende Erklärung zu finden:

»*Ghi-vaṅ* ist ein Zeichen *(rten-'brel),* um die Vollkommenheit des Nutzens für die anderen *(gźan-don phun-tshogs)* zu realisieren. Die unermeßlichen Aktivitäten der Buddhas sind eine besondere Eigenschaft *(khyad-chos)* des Tantra. Unter diesen Aktivitäten gibt es vier Arten: Friedliche Aktivitäten und die Aktivitäten von Vermehrung, Macht und Zorn *(źi rgyas dbaṅ drag).* Von diesen entwurzeln die friedlichen Aktivitäten alle Krankheiten, die aus den Drei Giften *(dug-gsum)* entstehen und beschleunigen die Entwicklung der Erkenntnis der Leerheit *(de-kho-na-ñid rtogs-pa'i śes-rab)*... Deshalb wurde *ghi-vaṅ* dem Buddha dargebracht.«[10]

Mit den Drei Giften sind die geistigen Gifte Anhaftung *('dod-chags,* skr. *rāgā),* Haß *(źe-sdaṅ,* skr. *dveṣa)* und Verblendung *(gti-mug,* skr. *moha)* gemeint, die nach der buddhistischen Lehre die Ursachen allen Leidens darstellen.

Die entgiftende Wirkung von *ghi-vaṅ* wird also mit dem Beseitigen der geistigen Gifte im religiösen Sinne gleichgesetzt. Die geistige »Entgiftung« funktioniert – wie die körperliche – nur dann, wenn die Medizin auch angewendet wird; das heißt hier: wenn die Substanz mit einer entsprechenden Motivation als Opfergabe dargebracht wird.

Hier ist wieder zu sehen, wie aus der »Beseitigung von körperlichen Leiden« die »Beseitigung aller Leiden« wird. Durch die Ausweitung des Begriffsinhaltes wird gleichzeitig die Ebene gewechselt, es geht nicht mehr um die Linderung von vorübergehenden Störungen, sondern um die endgültige »Heilung«.

Der Joghurt

Noch heute spielt in Indien der Joghurt eine wichtige Rolle als Bestandteil einer gesunden Ernährung. Auch wegen seiner Beschaffenheit, seiner weißen Farbe und der Art seiner Herstellung eignet er sich als symbolische Opfergabe.

Aus den Rezitationstexten im *dpal-ldan stod-rgyud lugs-kyi rab-gnas dge-legs char-'bebs-kyi ṅag-'don phyogs-bsgrigs gsal-byed me-loṅ* geht hervor, daß es sich um ein hochgeschätztes Produkt handelt:

»Joghurt ist die Essenz aller Substanzen.«[11]

In dieser lapidaren Form klingt der Satz jedoch ohne nähere Erläuterung für uns etwas seltsam. Etwas ausführlicher beschreibt das *bkra-śis rdzas-rtags-kyi bśad-pa khag-cig*, was damit gemeint sein könnte:

»Joghurt ist ein Zeichen für die Beseitigung von [negativen] Handlungen *(las)* und Befleckungen *(ñon-moṅs)*.

– Milch ist die Essenz aus dem konzentrierten Saft *(bcud)* von Pflanzen. Durch einen Prozeß des Kochens, Ansetzens usw. wird Joghurt daraus.
– Ebenso entwickelt sich der Geist, der seiner Natur nach klar ist und die Basis von *saṁsāra* und *nirvāṇa ('khor-'das)* [darstellt], durch den Prozeß des Ausübens der Praxis des Weges und erlangt Buddhaschaft...

So wie die Wolken am Himmel sich auflösen, lösen sich alle unreinen *(dri-ma)* Handlungen und Befleckungen *(ñon-moṅs)* [zurück] in den Geist auf. Dadurch wird die reine Essenz *(ñiṅ-po rnam-dag),* die höchste Erkenntnis *(ye-śes-kyi mchog)* realisiert. Um das zu verwirklichen, bringt man Joghurt dar.«[12]

Das dūrvā-Gras

Die Inder haben von jeher dem *dūrvā*-Gras eine höhere Überlebensfähigkeit zugeschrieben als allen anderen Pflanzen. Es heißt, daß, selbst wenn es geschnitten und getrocknet wurde, jeder der vielen Knoten am Stengel die Kraft besitzt, erneut zu keimen, sobald er mit Wasser in Berührung kommt. Deshalb ist das *dūrvā*-Gras zum Symbol des langen Lebens bzw. des Wunsches nach Lebensverlängerung geworden. Es kommt auch in Tibet sehr häufig vor und hat dort die gleiche symbolische Bedeutung wie im historischen und modernen Indien.

Die Erklärungen des *bkra-śis rdzas-rtags-kyi bśad-pa khag-cig* lauten:

»*dūrvā (dur-ba)* wird als Substanz, die das Leben vervielfacht, dargebracht. Im [Text] *'chi-med-mdzod* wird es »*dūrvā* mit hundert Gelenken (Knoten, *tshigs*)« genannt. Aus jedem einzelnen Knoten wachsen Triebe. Durch Darauftreten, Schneiden usw. kann ihm nicht geschadet werden. Es ist wie *Vajrasattva (rDo-rje sems-dpa')* unsterblich ... Die *dūrvā*-Substanz bewirkt [symbolisch] das Ende des Stroms von Geburt und Tod aller Lebewesen *('gro-ba yoṅs-kyi skye-'chi rgyun-chad-du byed-pa)*.«[13]

Monier-Williams erwähnt unter *durmara* eine Art des *dūrvā*-Grases in Verbindung mit »schwerer Tod«[14] und unter *sahasra-vīrya* das gleiche in Verbindung mit »tausend Kräfte besitzend«.[15]

Was zunächst wie ein Widerspruch aussieht, nämlich die Bedeutung des *dūrvā*-Grases als Symbol der Lebensverlängerung im konventionellen Sinne und andererseits seine religiöse Bedeutung als Symbol der Beendigung des Stroms von Geburt und Tod, ist in Wirklichkeit aus buddhistischer Sicht kein Widerspruch. Der zugrundeliegende Gedankengang ist: Um das höchste Ziel der Praxis, die Befreiung von der zwangsläufigen Wiederholung von Geborenwerden und Sterben, zu realisieren, braucht man Zeit. Der Zusammenhang zwischen diesem Ziel und dem langen Leben ist somit gegeben.

Warum ist aber in diesem Zusammenhang von *Vajrasattva* die Rede? Es heißt hier: »Es ist wie *Vajrasattva* unsterblich ...« Und auch weiter hinten bei den Rezitationsversen lautet eine Stelle: »... nachdem *Vajrasattva* das Leben ganz geschaffen hat, mögen Geborenwerden und Sterben, (verursacht) durch die Befleckungen, aufhören!«

Um den verborgenen Sinn zu erfassen, muß man verstehen, daß mit *Vajrasattva* hier nicht die tantrische Meditationsgottheit gemeint ist, über die man zum Zweck der Reinigung des Bewußtseins meditiert. *Vajrasattva* ist auch – und darum geht es hier – eine Bezeichnung für das sogenannte »absolute *bodhicitta*«, also die Leerheit. Wie bereits bei den Acht Glückssymbolen ausgeführt, ist der *vajra* das Symbol der Unzerstörbarkeit und Unerschütterlichkeit. Das Sanskrit-Wort *sattva* (tib. *sems-dpa'*) heißt »Wesen«. Das »*vajra*-Wesen« ist ein Synonym für die Leerheit als die absolute Natur aller Erscheinungen. Nun lehrt der Buddhismus, daß die Realisierung der Leerheit die einzig wirksame Methode ist, um die Ego-Illusion und das Greifen nach Objekten, und damit die Wurzeln des Existenzenkreislaufs, abzuschneiden.

Worin besteht nun also der Zusammenhang zwischen *Vajrasattva* und der Dauer des Lebens? Die Erkenntnis der Leerheit befreit die Existenz von allen karmischen Fesseln, Hindernissen und leidvollen, angsterzeugenden Zuständen. Auf der normalen menschlichen Ebene ist sie daher das beste Gegenmittel gegen lebensverkürzende oder -bedrohende Faktoren. Sie ist aber auch ein entscheidender Schritt auf dem Weg zur Buddhaschaft, zu dem angestrebten Zustand der Vollkommenheit, der absoluten Befreiung, des eigentlichen Lebens.

Die bilva-Frucht

Die *bilva*-Frucht zählte bereits im historischen Indien zu den beliebtesten Früchten, und daran hat sich bis heute nichts geändert. Nähere Erklärungen zu ihrer Bedeutung als Opfergabe, aus denen man entnehmen könnte, warum gerade diese Frucht zu den Acht glückbringenden Dingen gezählt wird, konnte ich nicht finden.

Die Ausführungen des *bkra-śis rdzas-rtags-kyi bśad-pa khag-cig* zu diesem Symbol sind erstaunlich tiefgründig:

»*Bilva (bil-ba)* ist eine Substanz zur Vermehrung der Verdienste *(bsod-nams)*. Bezüglich des Entstehens in Abhängigkeit *(rten-'byuṅ)* gibt es zwei [Ebenen der Darlegung], eine grobe und eine feine:

- Die grobe [bezieht sich auf das] Vertrauen, daß aus heilsamen und unheilsamen *(dge sdig)* Ursachen Glückseligkeit und Leiden *(bde sdug)* entstehen. Das ist die weltliche reine Anschauung *('jig-rten-pa'i yaṅ-dag-pa'i lta-ba)*. Aufgrund deren soll man, was anzunehmen und was zu verwerfen *(blaṅ dor)* ist, nicht vertauschen *(go ma-log)*. Das sind die reinen [weltlichen] Handlungen *(yaṅ-dag-pa'i spyod-pa)*.
- Die feinere [Darlegung zum] Entstehen in Abhängigkeit [bezieht sich darauf, daß alles] lediglich durch den Namen, allein durch die Benennung *(miṅ-rkyaṅ btags-yod tsam)* existiert. Es gibt auch nicht einen Partikel, der mit eigener Essenz *(raṅ-gi ṅo-bo)* existiert. Das zu verstehen, ist die reine Anschauung jenseits des Weltlichen *('jig-rten-las 'das-pa'i yaṅ-dag-pa'i lta-ba)*. In diesen [beiden] sind [also] Weisheit und Methode zusammengefaßt *(thabs-śes zuṅ-'brel)*. Das sind die reinen Handlungen jenseits des Weltlichen *('jig-rten-las 'das-pa'i yaṅ-dag-pa'i spyod-pa)*.

So bringt man die *bilva*-Frucht dar, damit all diese [Anschauungen und Handlungen bis zur] höchsten Essenz der Erleuchtung *(byaṅ-chub sñiṅ-po mchog)* gereinigt werden.«[16]

In diesen Erklärungen ist vom »Entstehen in Abhängigkeit« *(rten-'byuṅ)* die Rede. Dieser Begriff beschreibt, ebenso wie das »Bestehen in Abhängigkeit« *(rten-'brel)*, die Art und Weise, wie die Realität existiert, nämlich als ein Netz von Ursachen und Wirkungen, Bedingungen, Verknüpfungen und Benennungen. Ergänzend dazu gibt es Erklärungen darüber, wie die Realität nicht existiert: sie entbehrt jeglicher Konkretheit aus sich selbst heraus, sie ist leer von eigener Essenz. Die Lehren über Leerheit und Bedingtheit führen zu ein und derselben Erkenntnis, jedoch von zwei verschiedenen Blickwinkeln her. Der Praktizierende soll vor allem danach streben, tiefe Einsicht in die Leerheit/Bedingtheit zu verwirklichen und so das Leiden zu entwurzeln. Das Opfern der *bilva*-Frucht ist eine von unzähligen Methoden im Kontext der buddhistischen Praxis, die den Darbringenden an dieses Ziel erinnern und es ihm durch den Prozeß des Einübens, Vertrautmachens näherbringen sollen.

Je nach Betrachtungsweise werden hier zwei Ebenen der Darlegung unterschieden, eine gröbere und eine feinere. Die gröbere weist auf den Zusammenhang von Ursache und Wirkung im konventionellen Sinne hin und zielt darauf ab, durch sorgfältiges Abwägen unheilsames, leidverursachendes Handeln zu vermeiden, heilsames zu verstärken und so eine Entwicklung zu durchlaufen, die nach und nach aus dem Leiden herausführt. In diesen Erklärungen ist noch kein Hinweis auf die Rolle der Wahrnehmung und Interpretation der Realität durch das Individuum enthalten. Es wird vielmehr mit den vorhandenen, gewöhnlichen Konzepten gearbeitet.

In den feineren Darlegungen geht es um die Widerlegung dieser Konzepte durch die »reine Anschauung jenseits des Weltlichen«. Die Erscheinungen werden als abhängig von der Benennung und damit als leer von eigener Essenz erklärt. Die vollkommene Realisierung dieser Erkenntnis schließt leidbringende, von Unwissenheit geprägte Handlungen von selbst aus. Das gilt als so selbstverständlich, daß im vorliegenden Text die »reinen Handlungen jenseits des Weltlichen« nicht einmal mehr näher beschrieben werden. Die Einheit von Anschauung und Handlungen, Weisheit und Methode, wird als ein Reinigungsprozeß dargestellt, der zur »höchsten Essenz der Erleuchtung«, also zur Buddhaschaft führt.

Das rechtsläufige Schneckengehäuse

Das rechtsläufige Schneckengehäuse ist sowohl Bestandteil der Acht Glückssymbole wie auch der Acht glückbringenden Dinge. Die religiöse Bedeutung ist in beiden Symbolgruppen die gleiche: Es drückt den Wunsch aus, daß sich die Buddhalehre wie der Klang der Schneckentrompete ungehindert in alle Richtungen ausbreiten möge.

Im *bkra-śis rdzas-rtags-kyi bśad-pa khag-cig* heißt es dazu:

»Das rechtsläufige Schneckengehäuse ist ein Gegenstand zur Vermehrung der Qualitäten ›Entsagung und Erlangung *(spaṅs rtogs)* des Dharma-Reichtums *(chos-kyi dpal-'byor)*‹. Durch seine Darbringung wirkt es als Zeichen für das Hören der geheimen Essenz der Worte *(gsuṅ-gi gsaṅ-ba'i gnad)*. Es ist der Sinn des Hörens, daß durch Nachdenken Zweifel abgeschnitten werden und aus der Meditation Erkenntnis entsteht *(sgom-byuṅ-gi ye-śes)*. Aus dieser heraus [kann] man auf solche Weise andere belehren, das ist die ›unübertreffliche Sprache‹ *(smra-ba bla-na med-pa)*. Auf diese Art und Weise verwirklicht man Buddhaschaft. Durch jene wohlklingenden *dharma*-Laute werden [so] vollständig die Aktivitäten von Erklärung und Verwirklichung *(bśad sgrub)*, der Weg und das Ergebnis *(lam 'bras)* gezeigt. Das Schneckengehäuse ist [also auch] ein Zeichen dafür, daß durch sie [die wohlklingenden *dharma*-Laute] alles, was nicht dem *dharma* entspricht, neben seinem Glanz verblaßt *(zil-gyis gnon-pa)*.«[17]

Dieser Abschnitt behandelt unter anderem die Drei Übungen *(bslab-pa gsum, triṇiśikṣā)* des Hörens bzw. Studierens, des Nachdenkens und des Meditierens *(thos bsam sgom-pa)*, durch die man, wenn man sie intensiv, vollständig und genau in dieser Reihenfolge praktiziert, die Qualifikation eines Lehrers erwirbt, der über die »unübertreffliche Sprache« verfügt. Das heißt, daß er nicht aus dem intellektuellen Wissen, sondern aus der Verwirklichung heraus lehrt. Der »wohlklingende *dharma*-Laut«, worunter man die mündliche Weitergabe der Lehre versteht, erlangt so seine volle Qualität und Gültigkeit. Im Hinblick darauf wird das Schneckengehäuse als ein Sinnbild für die Vermehrung der Qualität des *dharma*-Reichtums bezeichnet.

Der Zinnober

Der Zinnober ist eine Naturfarbe, die gern für rituelle Zwecke verwendet wird, zum Beispiel zur Anbringung des *tilaka* auf der Stirn. Ferner benutzt man ihn zur Herstellung bestimmter *maṇḍala*-Diagramme oder als Malfarbe. In Pulverform als Opfergabe dargebracht, wird er wegen seines kräftigen Rots als Symbol für Macht angesehen.

In der allgemeinen Farbsymbolik, die auch der Ausgestaltung der tantrischen *maṇḍalas* zugrundeliegt, gelten folgende symbolischen Verbindungen:

Weiß	– Frieden, Reinheit
Gelb	– Vermehrung, Reichtum
Rot	– Macht, Liebe, Anhaftung
Grün	– verschiedene Aktivitäten
Blau, Schwarz	– Zorn, Verunreinigung

In ähnlicher Weise werden auch Zusammenhänge hergestellt zwischen Formen, Himmelsrichtungen, Lauten, Attributen etc. Näheres dazu wird im Abschnitt über die Fünf Qualitäten des Genusses ausgeführt.

Was in diesem Zusammenhang mit »Macht« gemeint ist, erläutert das *bkra-śis rdzas-rtags-kyi bśad-pa khag-cig* wie folgt:

»Der Zinnober [symbolisiert] die Verwirklichung der Macht-Aktivitäten *(dbaṅ-gi las).* In seinen Erklärungen hat der Buddha die Aktivitäten der Macht behandelt. Wenn man fehlerlos in richtiger Weise praktiziert, wird man sich so restlos aller Arten des *dharma* bemächtigen *(dbaṅ-du-'dus).* Durch die Kraft der Verwirklichung besonderer Qualitäten wie des übernatürlichen Wissens *(mṅon-śes)* durch Konzentration *(tiṅ-ṅe-'dzin)* usw. verblassen *(zil-gyis mnan)* alle Arten von äußeren und inneren Unstimmigkeiten *(phyi-naṅ-gi mi-mthun 'phyogs)* neben ihrem Glanz. Um das Königreich des *dharma (chos-kyi rgyal-srid)* und das Reich des Wissens *(mkhyen-srid)* zu befestigen, wird Zinnober dargebracht…«[18]

In anderen Texten mit ähnlichen Beschreibungen kommt an Stelle von *mkhyen-srid,* »Reich des Wissens«, auch *khyed-srid,* »dein Reich«, vor.

Der Begriff der Macht wird – auf die geistige Ebene übertragen – verwendet im Sinne der Beherrschung sowohl der eigenen Fähigkeiten und Kräfte wie auch des Wissens und der Erkenntnis.

Allerdings muß man sagen: In dieser Auslegung wirkt die Magie der Macht leicht ein bißchen blutleer. Wesentlich handfester hört sich dagegen ein Gebet an, das oft im Zusammenhang mit Mantra-Rezitationen gesprochen wird:

»Mögen unter meine Macht kommen alle Lebewesen, männliche und weibliche, ferner alle Speisen, Reichtümer und Genüsse der Drei Bereiche!«

Wie paßt das nun wieder zur friedlichen buddhistischen Denkweise? Natürlich lassen sich alle diese scheinbar weltlichen Zielsetzungen mit der *mahāyāna*-Motivation verbinden und dadurch veredeln: Als Praktizierende benötigen wir ein Minimum an materiellen Gütern, Gesundheit und ein langes Leben, um unsere religiösen Ziele verfolgen und den leidenden Lebewesen Hilfe bringen zu können. Allerdings kann man es auch übertreiben und, das Wohl der Lebewesen auf den Lippen, in Wirklichkeit nach der Befriedigung egoistischer Wünsche streben und so das spirituelle Instrumentarium mißbrauchen. Das kann sogar funktionieren, es hat aber nach den buddhistischen Karma-Erklärungen unangenehme Konsequenzen für den so Handelnden.

Solche Gebete und Rezitationen, in denen es um Macht, Vermehrung und Zorn geht, sind oft sehr alt und erinnern uns daran, daß die tantrische Überlieferung in Zeiten zurückreicht, wo Magie ganz selbstverständlich zur Befriedigung primärer Bedürfnisse und im Dienste des Überlebens, Siegens und Dominierens eingesetzt wurde. Daß im Zusammenwirken mit der buddhistischen Lehre vieles ganz neu – und ebenfalls sehr machtvoll – interpretiert und realisiert wurde, ist ja kein Widerspruch.

Die Senfkörner

Die Senfkörner gelten als »zornige Substanz« und werden mit den Buddha-Aktivitäten des Zorns in Verbindung gebracht (siehe Seite 64). Sie finden häufig bei Ritualen Verwendung. Bei dem Ritual zur Vertreibung der Hindernisdämonen *(bgegs-gtor)*[19] zum Beispiel streut sie der Praktizierende aus, während er Mantras rezitiert. Als Mittel zur Vorbeugung oder Heilung von Besessenheit oder Krankheiten, hervorgerufen durch Hindernis-Dämonen *(bgegs)*, werden ebenfalls Senfkörner verbrannt, nachdem sie durch bestimmte Mantras und meditative Vorstellungen gesegnet wurden. Eine ähnliche Funktion haben sie als Opfergabe bei der Brandopferzeremonie *(sbyin-sreg, homa).* Insgesamt symbolisieren sie also zornige Aktivitäten zur Überwindung von Hindernissen.

Im *bkra-śis rdzas-rtags-kyi bśad-pa khag-cig* heißt es dazu:

»Senfkörner sind ein Objekt zur Verwirklichung zorniger Aktivitäten *(drag-po'i phrin-las)*... Durch ihre Darbringung [wird folgendes bewirkt]: Die Wurzel aller Schaden zufügenden Schaden- und Hindernis-Dämonen *(gdon bgegs)* und Störungen *(ñer-'tshe)* ist die Unwissenheit *(ma-rig-pa)*, die für die Wahrheit gehalten wird *(bden-'dzin).* Um [die Unwissenheit] zu vernichten, ist das äußerste Gegenmittel die Erkenntnis des *dharmadhātu (chos-kyi-dbyiṅs-kye-ye-śes)*, ununterscheidbar von Glückseligkeit und Leerheit *(bde-stoṅ gñis-su med-pa)*, dem eigenen Glanz *(raṅ-mdraṅs)* von *Akṣobhya (Mi-bskyod-pa).* Durch sie werden alle äußeren, inneren und geheimen *(phyi naṅ gsaṅ)* Schaden- und Hindernis-Dämonen mit der Sphäre [der Buddhas] *(dbyiṅs)* und dem [gewöhnlichen] Bewußtsein *(rig)* vermischt und [so] die große Erkenntnis der Gleichheit *(mñam-ñid ye-śes)* mühelos erlangt. [Zu diesem Zweck] bringt man Senfkörner dar.«[20]

Die Dämonen und Hindernisse, die also durch die oder in Form der Unwissenheit existieren, sind Erscheinungen, die zum Bereich des normalen, ungereinigten Bewußtseins *(rig-pa)* gehören. Das völlig gereinigte Bewußtsein, das sich aus *rig-pa* entwickelt, ist *dbyiṅs*, die Sphäre oder auch Erkenntnis der Buddhas. Die vollkommene Realisierung von *dbyiṅs* wird in den Texten oft beschrieben als Ununterscheidbarkeit oder Zusammenschmelzen von *rig-pa* und *dbyiṅs*. Zu diesem Zeitpunkt ist die Unwissenheit beseitigt und damit das Auftreten von Hindernissen oder Dämonen automatisch überwunden.

Mit »Zorn« im Sinne der Buddha-Aktivitäten ist natürlich nicht ein aggressives Verhalten im konventionellen Sinn gemeint, sondern eine besonders machtvolle Ausdrucksform geistiger Kräfte. Desgleichen soll sich der Praktizierende unter der Zerstörung oder Vernichtung von Dämonen nicht Feindseligkeiten und Mordabsichten gegenüber anderen Lebewesen vorstellen, sondern die Überwindung der so symbolisierten Hindernisse im eigenen Bewußtsein. So wird es jedenfalls unter dem Aspekt der buddhistischen Praxis gelehrt.

Betrachten wir jedoch etwas näher, was man seit jeher üblicherweise im indo-tibetischen Kulturkreis unter dem Begriff »Dämon« verstand, so kann diese psychologische Deutung etwas ins Wanken kommen. Man gerät dann leicht in Versuchung, die Dämonen als Lebewesen anzusehen, steht allerdings sofort vor der Frage, um welche Art von Lebewesen es sich dabei handeln mag. Am Beispiel der vier bekanntesten Dämonen-Arten *(bgegs,* skr. *vighna; gdon,* skr. *graha; 'dre,* skr. *piśāca; bdud,* skr. *māra)* läßt sich das nachvollziehen, wenn wir nur einige Stichworte aus dem Tibetisch-Chinesischen Wörterbuch (a) *bod-rgya tshig-mdzod-chen-mo*[21] und aus dem Sanskrit-Wörterbuch (b) von Böhtlingk[22] vergleichen. Danach wäre:

bgegs: (a) eine schadenstiftende Art von *'dre/gdon*
(b) Hemmung, Hemmnis, Hindernis

gdon: (a) ein nicht-menschlicher Schadenstifter
(b) ein Krankheitsdämon, böser Dämon, der sich im dämonischen Sinn jemandes bemächtigt

'dre: (a) eine Kategorie von nicht-menschlichen Wesen
(b) eine Klasse dämonischer Wesen ...

bdud: (a) derjenige, der den Lebewesen Schaden und Störungen zufügt und Hindernisse für die Verdienste erzeugt / eine der sechs Arten von Göttern des Begierdebereichs
(b) Hindernis, buddh. Versucher

Ferner finden sich im *Bod-hor-kyi brda-yig min-gcig don-gsum gsal-bar byed-pa mun-sel sgron-me* von Sumatiratna[23] Hinweise auf äußere, innere und geheime *bdud,* von denen die äußeren Schadenstifter im herkömmlichen Sinne sind, die inneren jedoch die zwei Arten von Schleiern *(sgrib-pa-gñis)* und die geheimen die feinen und groben Winde des *karma (las-rluṅ phra-rags)* sind. Sehr ausführlich werden diese verschiedenen Ebenen auch im *man-ṅag rin-po-che spuṅs-pa* von lCe sgom-rdzoṅ-pa[24] behandelt.

Offensichtlich gibt es eine große Variationsbreite von Erläuterungen, von denen einige die Dämonen als nicht-menschliche Lebewesen auffassen und sie dem Bereich der *Pretas (yi-dvags)* oder einer Art von Göttern des Begierde-bereichs *('dod-lha,* skr. *kāmadeva)* zuordnen und andere sie ganz allgemein als äußere und innere Hindernisse, ungünstige Umstände oder sogar grundlegende leidvolle Existenzbedingungen beschreiben.

Diese Erklärungen zu kommentieren, ist im Rahmen der vorliegenden Arbeit nicht möglich, es wäre jedoch lohnend, sie zum Gegenstand gesonderter Untersuchungen zu machen. Insbesondere wäre die Frage zu klären, ob, wie und gegebenenfalls wann das Bild der Dämonen sich im Laufe der Jahrhunderte und unter dem Einfluß der buddhistischen Theorie so verändert hat, daß die Ideen von Feindschaft, Schädigung und Gewalttätigkeit transformiert wurden im Sinne der Auseinandersetzung mit dem eigenen Bewußtsein.

In den Erklärungen des *bkra-śis rdzas-rtags-kyi bśad-pa khag-cig* zu dem Symbol der Senfkörner tauchen die Begriffe *gdon* und *bgegs* auf. Entsprechend der gängigen Verwendung dieser Begriffe im tibetischen Sprachraum wurden sie mit »Schaden-Dämonen« *(gdon)* und »Hindernis-Dämonen« *(bgegs)* übersetzt.

Die Darbringung der Senfkörner als Gegenmittel gegen diese Dämonen ist wieder mit Vorstellungen aus dem Bereich des Tantra verbunden, die sie auf einer höheren Ebene wirksam machen. In diesem Zusammenhang wird *Akṣobhya (Mi-bskyod-pa)* als Mitglied der Fünf Buddhafamilien *(rgyal-ba rigs-lṅa,* skr. *pañca jina)* genannt sowie zwei Erkenntnis-Arten, die den Buddhafamilien zugeordnet sind, nämlich die Erkenntnis des *dharmadhātu (chos-kyi dbyiṅs-kyi-ye-śes)* und die Erkenntnis der Gleichheit *(mñam-ñid ye-śes).*

Die Verwendung der Acht glückbringenden Dinge

Soweit die Erklärungen zu den einzelnen Zeichen, aus denen sich die Acht glückbringenden Dinge zusammensetzen. Ähnliche Erläuterungen wie im *bkra-śis rdzas-rtags-kyi bśad-pa khag-cig* finden sich in dem Text *bkra-śis rdzas-brgyad-kyi rnam-bśad bkra-śis dga'-ston* von Guṅ-thaṅ dKon-mchog bstan-pa'i sgron-me[25], jedoch mit noch ausführlicheren Angaben zum buddhistischen Hintergrund.

Die Acht glückbringenden Dinge werden als Skulpturen oder Bilder vielfältig verwendet, beispielsweise als Abbildungen auf *thaṅ-ga*, Wänden und Balken, als Butterornamente auf *gtor-ma* und dergleichen.

In Ritualen werden sie symbolisch oder tatsächlich dargebracht, begleitet von Ansprache und Rezitation, die sich strophenweise abwechseln. Die Ansprache erfolgt durch den Leiter der Zeremonie allein, während der eigentliche Rezitationstext von allen Teilnehmern gemeinsam rezitiert wird. Diese Art der Darbringung, die üblicherweise durch Mudras und meditative Vorstellungen vervollständigt wird, ist unter anderem Bestandteil der Langlebenszeremonie »Festes Verweilen« *(brtan-bźugs)* für einen Lama sowie des Rituals zur Heranziehung von Segen *(rab-gnas)*. Bei vielen Ritualen werden sowohl die Acht Glückssymbole wie auch die Acht glückbringenden Dinge verwendet, jedoch die Acht Glückssymbole nur im Rahmen der Textrezitationen, mehr im Sinne allgemeiner Heil- und Segenswünsche, die Acht glückbringenden Dinge dagegen, wie oben beschrieben, mit Ansprache, Rezitation und oft Übergabe von tatsächlichen Opfergaben, also als eigenständiger Teil der Zeremonie.

Die im folgenden zitierten und übersetzten Strophen für Ansprache und Rezitation sind dem *dpal-ldan stod-rgyud lugs-kyi rab-gnas dge-legs char-'bebs-kyi ṅag-'don phyogs-bsgrigs gsal-byed me-loṅ*[26] entnommen. Es gibt jedoch viele ähnliche Texte, die heute noch benutzt werden und sich je nach Zweck des Rituals, Schulrichtung oder Kloster leicht unterscheiden. Möglicherweise hat ihnen als Wurzeltext das *rdo-rje rnam-par 'joms-pa źes-bya-ba'i [gzuṅs] dkyil-'khor-gyi lag-len go-rims ji-lta-ba źes-bya-ba* des Ratnaśila[27] gedient, das der älteste mir bekannte Text dieser Art ist.

Wegen der leichteren Lesbarkeit sind ab der Ansprache vor der zweiten Strophe der Rezitation nur noch Name und

Funktion des Gebers sowie der geopferte Gegenstand zitiert und übersetzt.

sṅon bcom-ldan-'das Śākya thub-pa-la gzugs-kyi lha-mo 'od-'chaṅ-mas me-loṅ phyag-tu phul-te bkra-śis-pa'i rdzas-su byin-gyis brlabs-pa de-bźin-du / deṅ 'dir-yaṅ sbyin-pa'i bdag-po 'khor-daṅ bcas-pa rnams-kyaṅ me-loṅ-gi rdzas-la brten-nas bkra-śis-par gyur-cig /

/ me-loṅ ye-śes rgya-mtsho chen-po yis /
/ ye-śes rgya-mtsho mchog-tu dag-gyur nas /
/ rnam-dag chos-la thogs-med loṅs-spyod pa'i /
/ bkra-śis des-kyaṅ sgrib-pa dag-gyur cig /

... glaṅn-po-che nor-skyoṅ-gis ghi-vaṅ ...

/ ghi-vaṅ dug-gsum 'joms-pa nad-kyi sman /
/ sman-mchog chos-ñid rab-tu rtogs-gyur te /
/ ñon-moṅs zug-rṅu med-par gyur-pa yi /
/ bkra-śis des-kyaṅ sdug-bsṅal dag-gyur cig /

... źiṅ-pa'i bu-mo legs-skyes-mas źo ...

/ źo-ni kun-gyi sñiṅ-por gyur-pa ste /
/ sñiṅ-po rnam-dag ye-śes mchog-rtogs nas /
/ yon-tan kun-gyi dbyiṅs-su gyur-pa yi /
/ bkra-śis des-kyaṅ dug-gsum źi-gyur cig /

... rtsva-tshoṅ-gi khye'u bkra-śis-kyis rtsva-dur-ba ...

/ dur-bas tshe-ni spel-bar byed-pa ste /
/ rdo-rje sems-dpa'i tshe-ni rab-bsgrubs nas /
/ ñon-moṅs skye-śi rgyun-chad gyur-pa yi /
/ bkra-śis des-kyaṅ tshe-yaṅ 'phel-gyur cig /

...lha tshaṅs-pas śiṅ-thog bil-ba...

/ bil-ba rgyu-rkyen 'bras-bur bcas-pa'i chos /
/ 'jig-rten 'jig-rten 'das-pa'i spyod-pa kun /
/ byaṅ-chub sñiṅ-po mchog-tu dag-gyur pa'i /
/ bkra-śis des-kyaṅ don-kun 'grub-gyur cig /

...lha'i dbaṅ-po brgya-byin-gyis duṅ g'yas-su 'khyil-pa...

/ duṅ-ni chos-kyi sgra-rnams sgrog-pa'i tshul /
/ ye-śes rgya-mtsho ñid-du dag-gyur te /
/ chos-rnams ma-nor yoṅs-su ston-pa yi /
/ bkra-śis des-kyaṅ tshig-la dbaṅ-thob śog /

...bram-ze skar-rgyal-gyis li-khri...

/ li-khri dmar-po dbaṅ-gi raṅ-bźin te /
/ chos-rnams ma-nor dbaṅ-du bsdus-nas kyaṅ /
/ chos-kyi rgyal-srid rtag-tu brtan-gyur pa'i /
/ bkra-śis des-kyaṅ khyed-srid brtan-gyur cig /

...gsaṅ-sṅags daṅ rigs-sṅags-kyi bdag-po dpal phyag-na rdo-rjes grub-pa'i rdzas yuṅs-dkar...

/ yuṅs-dkar rdo-rje'i rigs-te thams-cad du /
/ bgegs-rnams ma-lus 'joms-par byed-pa yi /
/ mthu-stobs yon-tan phun-sum tshogs-gyur pa'i /
/ bkra-śis des-kyaṅ bgegs-rnams źi-bar śog

»Einmal gab die Göttin der Form *'Od-'chaṅ-ma* dem *Bhagavan Śākyamuni* einen Spiegel in die Hand, und er segnete ihn als Glücksgegenstand. Mögen in dieser Weise hier und heute der Gabenherr mit seinem Gefolge durch den Spiegel(-Gegenstand) Glück erlangen.

Mögen auch durch dieses Glück des ungehinderten Genießens der ganz reinen Phänomene, die durch den Spiegel als [Zeichen für] den großen Erkenntnis-Ozean [selbst] zum vortrefflichen Erkenntnis-Ozean gereinigt worden sind, die Schleier gereinigt werden.

... der Elefant *Nor-skyoṅ* ... *ghi-vaṅ* ...

ghi-vaṅ ist eine (Krankheits-)Medizin zum Beseitigen der drei Gifte. Möge auch durch dieses Glück des Freiwerdens von den Schmerzen der Befleckungen, das vollständig verwirklicht wird durch die Essenz der Phänomene als der besten Medizin, das Leiden gereinigt werden.

... die Bauerntochter *Legs-skyes-ma* ... Joghurt ...

Der Joghurt ist zur Essenz von allem geworden, und aus der Essenz, der höchsten Verwirklichung der ganz reinen Erkenntnis, ist er zur Sphäre aller Qualitäten geworden. Mögen auch durch dieses Glück die drei Gifte beseitigt werden.

... der Grasverkäufer *bKra-śis* ... *dūrvā*-Gras ...

dūrvā vermehrt das Leben, und aus der völligen Verwirklichung des Lebens des *Vajrasattva* heraus hat die auf den Befleckungen basierende Kontinuität des Geborenwerdens und Sterbens aufgehört. Möge auch durch dieses Glück das Leben zunehmen.

... der Gott *Brahmā* ... eine *bilva*-Frucht ...

Bilva [symbolisiert] die Phänomene [in Verbindung] mit Ursache, Anlaß und Frucht. Mögen alle Arten des weltlichen und überweltlichen Verhaltens zur Essenz der höchsten Erleuchtung gereinigt werden, und mögen auch durch dieses Glück alle Anliegen verwirklicht werden.

... der Götterherrscher *Indra* ... ein rechtsläufiges Schneckengehäuse ...

Ebenso wie das Schneckengehäuse die Laute des *Dharma* erschallen läßt, wird man im Meer der Erkenntnis rein werden und die *Dharmas* fehlerlos und vollständig verkünden. Möge auch durch dieses Glück Wortgewalt erlangt werden.

... der Brahmane *sKar-rgyal*... Zinnober...

Zinnoberrot [symbolisiert] die Natur der Macht, und nachdem man sämtliche Phänomene fehlerlos unter seine Macht gebracht hat, wird die Königsherrschaft des *Dharma* ganz fest werden. Möge auch durch dieses Glück deine Herrschaft fest sein.

... der glorreiche *Vajrapāṇi*, der Herr der geheimen Mantras und Wissensmantras, ... Senfkörner, die Substanz der Verwirklichung, ...

Die Senfkörner [symbolisieren] die *vajra*-Familie, und zu allen [Zeiten] haben sie die vollkommene Qualität der Kraft besessen, die Hindernisdämonen restlos zu vernichten. Mögen auch durch dieses Glück die Hindernisdämonen befriedet werden.«

Abb. 4

3 Die Sieben Kostbarkeiten der Königsherrschaft

Zu dieser Gruppe gehören folgende Objekte bzw. Personen:

Das kostbare Rad *('khor-lo rin-po-che,* skr. *cakraratna)*
Das kostbare Juwel *(nor-bu rin-po-che,* skr. *maniratna)*
Die kostbare Königin *(btsun-mo rin-po-che,* skr. *rāñīratna)*
Der kostbare Minister *(blon-po rin-po-che,* skr. *pariṇāyaka-ratna)*
Der kostbare Elefant *(glaṅ-po rin-po-che,* skr. *hastiratna)*
Das kostbare Pferd *(rta-mchog rin-po-che,* skr. *aśvaratna)*
Der kostbare Kriegsherr *(dmag-dpon rin-po-che,* skr. *senā-pati-ratna)*

Dies ist die gängigste Aufzählung, es gibt aber auch andere, die statt dem Kriegsherrn den Hausherrn an siebter Stelle anführen.

Auch diese Symbole sind in der kanonischen Literatur belegt.[1] Zur Bedeutung der einzelnen Zeichen gibt es in den Texten unterschiedliche Erklärungen, von denen einige sich mehr auf die buddhistische Interpretation konzentrieren, während andere sich noch deutlich auf die ursprüngliche, stark magisch gefärbte Bedeutung der Symbole im kulturellen Kontext der altindischen Tradition beziehen. Zu der letzteren Gruppe gehört beispielsweise der Text *'phags-pa dam-pa'i-chos dran-pa ñe-bar gźag-pa*[2] *(ārya saddharmānusmṛty upasthāna),* der hier zur Beschreibung der Zeichen hauptsächlich herangezogen wurde. Bei der Lektüre dieses Textes fällt auf, daß die Symbole statt in der üblichen Anordnung, wie sie auch oben in der Aufzählung angegeben ist, hier in der Reihenfolge »Königin, Juwel, Rad, Elefant, Pferd, Minister, Hausherr« behandelt werden. Warum das so ist, wird nicht erklärt.

Die Sieben Kostbarkeiten bilden die Ausstattung eines *Cakravartin ('khor-los bsgyur-ba'i rgyal-po),* einer Symbolgestalt aus vorbuddhistischer Zeit, die gewöhnlich als »Weltenherrscher« oder *»universal monarch«*[3] bezeichnet wird. *Cakravartin* ist der, »der das Rad dreht«. Sein Name enthält somit Anklänge an die vielschichtige Symbolik, die mit dem Zeichen des Rades in Beziehung steht. Im Tibetischen enthält der Begriff die Bestandteile *'khor-lo* (Rad) und *bsgyur-ba,* ein Verb, das im normalen Sprachgebauch etwa »drehen«, »in Bewegung setzen«, »in Bewegung halten«, aber auch »verändern«, »herrschen«, »regieren«, »verwalten« bezeichnet. Es handelt sich also um einen König, dessen Herrschaft mit dem Rad zusammenhängt. Zieht man die verschiedenen Bedeutungen und Bedeutungsebenen für das Rad-Symbol in Betracht (siehe Seite 46ff.), so kann *Cakravartin* ein Herrscher durch das Rad, mit dem Rad oder über das Rad sein. Was das bedeutet, wird weiter unten näher ausgeführt. Das Rad spielt eine so wichtige Rolle, daß es traditionellerweise bei der Aufzählung der Sieben Kostbarkeiten der Königsherrschaft an erster Stelle genannt wird.

Bei den tantrischen Meditationsgottheiten *(yi-dam,* skr. *iṣṭadevatā) Kalacakra* und *Cakrasambhava,* weist das Rad als Namensbestandteil beispielsweise darauf hin, daß sich ihre reinen Aktivitäten in ihrem Bereich ausgedehnt und ungehindert entfalten. Dazu gibt es in den Texten tiefgründige tantrische Erklärungen, auf die ich hier nicht näher eingehen will.

Als Gruppe von Menschen, Tieren und Gegenständen versinnbildlichen die sieben Objekte die Gesamtheit der Hilfsmittel und Fähigkeiten, mit denen ein weltlicher König die Herrschaft erlangen und behaupten kann. Sie verleihen ihm Wissen, Macht und Reichtum. Zwischen der äußerlichen Herrschaft eines weltlichen Königs und der inneren, geistigen Macht eines Praktizierenden wird in der buddhistischen Interpretation ein Vergleich gezogen, bei dem die Sieben Kostbarkeiten eine esoterische Bedeutung erhalten. Mit ihnen werden die Eigenschaften und Fähigkeiten des Praktizierenden symbolisch dargestellt, nämlich unbegrenztes Wissen, unbesiegbare Macht über alle äußeren und inneren Hindernisse und unerschöpflicher geistiger Reichtum. Die im indo-tibetischen Kulturraum geläufige Analogie zwischen weltlicher und geistiger Königsherrschaft (auf die auch die Verwendung von Ehrentiteln wie »Dharmakönig« hinweist) ist ferner eine Aufforderung an den Meditierenden, den Zusammenhang zwischen äußerer und innerer Realität zu erkennen.

Davon spricht auch der Text *'phags-pa dam-pa'i-chos dran-pa ñe-bar gźag-pa.*[4] Seinen Erklärungen zufolge erzielt man, wenn man dem schadenbringenden Geist *(gnod-sems)* entsagt, in der nächsten Existenz verschiedene positive Ergebnisse und wird schließlich als *Cakravartin* wiedergeboren und mit den Sieben Kostbarkeiten ausgestattet.

Die in den Texten immer wieder angesprochene Beziehung zwischen Buddha und dem *Cakravartin*, also zwischen der höchsten denkbaren geistlichen und weltlichen Ebene, zeigt sich auch in der Aussage der Zeichendeuter anläßlich der Geburt des Prinzen *Siddhārta:* Er werde entweder ein großer Weltenherrscher, nämlich *Cakravartin,* werden oder, falls er die Hauslosigkeit und das Leben eines Mönchs wähle, Erleuchtung erlangen und ein Buddha sein.[5]

In der allgemein üblichen Übertragung weltlicher Ämter auf geistliche Personen in Tibet (z. B. in der Institution des Dalai Lama) kann man unter anderem den äußeren Ausdruck dieser angestrebten Übereinstimmung von weltlicher und geistiger Herrschaft sehen.

Das kostbare Rad

Wie bei den Acht Glückssymbolen wird das Rad auch hier als ein äußerst mächtiges Zeichen verstanden, das unter anderem folgendes darstellen kann:

- Waffe, Instrument oder Fahrzeug, durch dessen Eigenschaften und Möglichkeiten die Herrschaft des *Cakravartin* begründet und befestigt wird[6];
- Symbol seiner Bewegung, Beweglichkeit, Reichweite und damit Ausdehnung seines Herrschaftsanspruchs;
- die Sonne als »königliches Emblem«[7];
- den vom *Cakravartin* beherrschten Bezirk, also sein Reich[8];
- das Rad der buddhistischen Lehre, woraus sich eine symbolische Gleichsetzung von *Cakravartin* und Buddha ableiten läßt.[9]

Der Text *'phags-pa dam-pa'i-chos dran-pa ñe-bar gźag-pa* beschreibt es sehr ausführlich:

»Das kostbare Rad besitzt offensichtlich fünf Eigenschaften: Es ist aus dem Gold des *'Dzam-bu*-Flusses *('dzam-bu'i chu)* gemacht, sein Maß beträgt fünfhundert *dpag-tshad (yojana)*[10], und es besitzt tausend Speichen. Es ist so schön wie eine zweite Sonne in der Welt...

Ferner ist die zweite Eigenschaft des kostbaren Rades: Es rollt an einem Tag ungehindert hunderttausend *dpag-tshad* am Himmel entlang.

Ferner ist die dritte Eigenschaft des kostbaren Rades: Wohin auch immer *Cakravartin* zu gehen wünscht, zu den [Kontinenten] *ba-laṅ-spyod* im Westen, *lus-'phags* im

Osten, *sgra-mi-sñan* im Norden [oder] nach *rgyal-chen bźi'i lha-gnas* (Götterbereich der Vier Großen Könige), dorthin geht er am Himmmel *(nam-mkha'-la)* mit Hilfe des tausendspeichigen Rades. Durch seine [des Rades] Kraft kann er zusammen mit den vier Abteilungen seines Heeres, Elefanten, Reiterei, Pferdewagen und Fußvolk, am Himmel entlangziehen.

Ferner ist die vierte Eigenschaft des kostbaren Rades: Mit Hilfe des kostbaren Rades kann *Cakravartin* das Unhörbare hören. Ferner ist die fünfte Eigenschaft des kostbaren Rades: Es gibt keinen Widerstand. Ihm, dem König, der den Dharma besitzt und dem Dharma folgt, unterwerfen (*thams-cad 'bul-te*, wörtlich: »alles darbringen«) sich Könige oder Minister als *Dharma*freunde *(rgyal-po'am blon-po'i chos-kyi grogs-po)*, sobald sie ihn erblicken.«[11]

Die wörtliche Übersetzung des Ausdrucks *rgyal-po'am blon-po'i chos-kyi grogs-po* würde lauten: »*Dharma*freunde der Minister oder Könige«, was vom Sinn her unverständlich ist. In der Annahme, daß es sich bei der Genitivform *blon-po'i* um einen Schreibfehler handelt, wurde die Stelle wie oben angegeben übersetzt.

Die in diesem Textabschnitt erwähnten »Großen Könige über die vier Bereiche« *(rgyal-chen ris-bźi*, skr. *catvāri mahārājākayika)* sind die Beschützer der vier Himmelsrichtungen, wie von Rigzin beschrieben[12] und in Tibetan Religious Art abgebildet.[13]

Angesichts der kraftvollen Schilderungen des *'phags-pa dam-pa'i-chos dran-pa ñe-bar gźag-pa* fragt man sich unwillkürlich, was diesen Beschreibungen wohl zugrunde gelegen haben mag. Als Ergänzung dazu lauten die religiösen Erklärungen des *rgyu gdags-pa:*

»Ebenso wie das kostbare Rad des *Cakravartin*, sind die acht Glieder des Edlen Weges des So-Gegangenen *(de-bźin-gśegs-pa*, skr. *Tathagata)*, des Feind-Zerstörers *(dgra-bcom-pa*, skr. *arhat)*, des vollkommenen Buddha *(yaṅ-dag-*

par rdzogs-pa'i sans-rgyas, skr. *samyak-sambuddha)* zu betrachten. Dadurch, daß er die Befleckungen und die Schleier in bezug auf alle Phänomene beseitigt hat, hat der *bhagavan (bcom-ldan-'das)* die acht Glieder des Edlen Weges verwirklicht. So wie der König mit Hilfe des Rades die Erde ganz beherrscht, hat der Buddha durch die Kraft des Weges die Bindungen der Dämonen *(bdud,* skr. *māra)* durchschnitten.«[14]

Zu dem Begriff »Dämonen« *(bdud,* skr. *māra)* wurde bereits bei der Beschreibung der Senfkörner (siehe Seite 83 ff.) Stellung genommen.

Die symbolische Gleichsetzung von *Cakravartin*, der das Rad dreht, und Buddha, der ebenfalls das Rad der Lehre in Bewegung gesetzt hat, ist leicht nachvollziehbar. Der Inhaber unbegrenzter weltlicher Macht und der Inhaber unbegrenzter geistiger Macht sind, vom Blickwinkel der buddhistischen Praxis her gesehen, Chiffren für das Ziel des Praktizierenden, alle Beschränkungen zu überwinden, die Nicht-Getrenntheit des Außen und Innen zu entdecken und sich selbst innerhalb dieser erweiterten Realität als den Gestaltenden zu erleben.

Das Rad als Symbol der Bewegung wird in der tibetischen Literatur oft mit den Dharma-Aktivitäten verglichen. Man spricht von den Drei Rädern *('khor-lo gsum)*, von denen eines das Studium (eigentlich: Lesen) in Verbindung mit Hören und Nachdenken *(klog-pa thos-bsam-gyi 'khor-lo)*, das zweite die Konzentration auf der Basis der Entsagung *(spon-ba bsam-gtan-gyi 'khor-lo)* und das dritte Handeln in Form von Aktivitäten *(bya-ba las-kyi 'khor-lo)* darstellt.[15] Das erinnert wiederum an die Beschreibung der Drei Übungen in Verbindung mit dem Rad als einem der Acht Glückssymbole.

Das kostbare Juwel

Dieses Symbol ähnelt ein wenig einem Ei oder einem Dreieck mit abgerundeten Ecken. Es wird gewöhnlich mit der Spitze nach oben dargestellt, manchmal werden drei oder mehr davon zu einer Gruppe zusammengefügt. Alle Erklärungen zu seiner Bedeutung kreisen um die Begriffe Reichtum, Vermehrung, Entfaltung, Wunscherfüllung im weitesten Sinne. Für den *Cakravartin* symbolisiert es die Fülle seiner Fähigkeiten und Möglichkeiten.

Der Text *'phags-pa dam-pa'i-chos dran-pa ñe-bar gźag-pa* führt dazu aus:

»Es besitzt folgende acht Qualitäten: Es leuchtet in der Nacht. Wie der Herbst-Vollmond im Herbst klares Licht gibt, ebenso strahlt das Juwel in der Finsternis der Nacht hundert *dpag-tshad* weit. Wenn man während des Tages unter der Hitze leidet, kommt helles Licht heraus und beseitigt die Hitze. Das ist die eine Eigenschaft des Juwels. Ferner ist die zweite Eigenschaft: Wenn jemand unterwegs ohne Wasser ist und an Durst leidet, entsteht ein die acht Qualitäten besitzender großer Fluß, durch den jeglicher Durst beseitigt wird. Das ist die zweite Eigenschaft. Ferner ist die dritte Qualität dieses Juwels: Woran auch immer *Cakravartin* denkt, das entsteht aus diesem Juwel. Das ist die dritte Qualität dieses Juwels. Ferner ist die vierte Qualität dieses Juwels: Von jedem seiner acht Teile (Glieder, *yan-lag*) wird zu gegebener Zeit *(de'i tshe)* verschiedenfarbiges Licht ausgesendet, wie [zum Beispiel] von blauer und gelber und weißer und roter und dunkelroter *(btsod-kha)* Farbe.

Ferner ist die fünfte Qualität dieses Juwels: Wo auch immer dieses Juwel sich befindet, gibt es annähernd hundert *dpag-tshad* weit keine Krankheit. Das Bewußtsein befindet sich immer im Zustand des Gleichmuts. Alle seine Wünsche – wie beim Karma – werden nicht ohne Ergebnis bleiben. Ferner ist die sechste Eigenschaft dieses Juwels: Es verhindert, daß durch böse *Nāgas* schreckliche Regengüsse fallen. Ferner ist die siebte Eigenschaft dieses Juwels: Traurigkeit, Abgründe, einsame Gegenden, Bäume, Teiche, Gärten, Lotos, Wälder und Parkanlagen werden [in positiver Weise] vervollkommnet. Ferner ist die achte Eigenschaft dieses Juwels: Niemand stirbt zur Unzeit [oder] wird zum Tierwesen. [Niemandem] wird von Tierwesen Schaden zugefügt. Nicht einmal die Disharmonischen schaden den Disharmonischen, wie zum Beispiel Schlange und Ichneumon und Schlange.«[16]

Die religiöse Erklärung des *rgyu gdags-pa* lautet:

»So wie das *vaiḍūrya*-Juwel in die Umgebung strahlt, so erkennt der Buddha die Umgebung mit seinen Augen.«[17]

Mit Hilfe seines Juwels kann *Cakravartin* alles sehen und bekommen. Gleichermaßen kann Buddha alles erkennen, sowohl die konventionelle wie auch die absolute Realität mit all ihren Zusammenhängen. So heißt es, nur Buddha könne aufgrund der vollkommenen Entfaltung seiner geistigen Fähigkeiten die einzelnen Verbindungen von Ursache und Wirkung im karmischen Geflecht erkennen. Diese Art des Sehens ist hier gemeint.

Die kostbare Königin

Die kostbare Königin verkörpert den ergänzenden weiblichen Gegenpol, ohne den der *Cakravartin* nicht vorstellbar ist. Das Gleichgewicht zwischen dem männlichen und dem weiblichen Element und die sexuelle Symbolik überhaupt sind ein wesentlicher Bestandteil der tantrischen Überlieferung. Daß »männliche« und »weibliche« Figur lediglich Aspekte des Bewußtseins und nicht etwa Personen darstellen, ist auch daran zu erkennen, daß in den tantrischen *maṇḍalas* die zentrale Hauptgottheit mit ihrer Partnerin (bzw. ihrem Partner) als eine Gottheit gezählt wird.

In den Erklärungen des *'phags-pa dam-pa'i chos dran-pa ñe-bar gźag-pa* sind die spirituellen Qualitäten des Symbols »kostbare Königin« mit dem damaligen Frauenbild in der indischen Kultur vermischt:

»Aus dem Körper der Frau strömt Duft mit dem Aroma von Sandelholz, und aus ihrem Mund steigt der Duft der *utpala*-Blume... Wenn der *Cakravartin* eine solche Frau sieht, wird es in kalter Zeit warm und in warmer Zeit kühl. Niemand sonst wagt, sie zu berühren. Alle Menschen, die durch die Kraft der Entsagung gegenüber dem schadenbringenden Geist *(gnod-sems)* in der Folge verdienstvolle Handlungen ausüben und alle Verdienste als rein erkennen, betrachten sie wie Mutter und Schwester. Was sie betrifft, sie ist in das

Herz des Königs eingedrungen *(yid-du 'oṅ)*, und sie respektiert ihn, sie folgt immer dem, was er im Herzen hat *(sñiṅ-du sdug-pa)* und was ihn glückselig macht. Sie entsagt den fünf Fehlern einer Frau, nämlich: an andere Männer zu denken, Geiz, Anhaftung an Unpassendes *(mi-rigs-par chags-pa)*, Vorliebe für unpassende Objekte *(mi-rigs-pa'i gnas-la rjes-su dga'-ba)*, [den Gedanken] zu hegen, ihren Mann zu töten. Sie besitzt folgende fünf Qualitäten einer kostbaren Frau: Sie paßt ihre Gedanken an, wird viele Söhne gebären, hat ein harmonisches Wesen *(rigs)*, erhöht das Reich *(srid)* und wird nicht eifersüchtig, wenn der Mann an andere Frauen denkt. Sie besitzt folgende drei Qualitäten einer großen Frau *(bud-med chen-mo)*: Sie [redet] keine unsinnigen Worte *(tshig cal-col)*, hat keine falschen Ansichten und ist in Abwesenheit ihres Mannes nicht abhängig von Lauten, Düften, Geschmack und Berührung.«[18]

Das *rgyu gdags-pa* bemerkt dazu:

»So wie die Königin des Königs in sein Herz eingedrungen *(yid-du 'oṅ-ba)* und wunderschön anzusehen *(lta-na-sdug)* ist, ebenso ist die vollkommene Freude ein Erleuchtungsglied *(dga'ba yaṅ-dag byaṅ-chub-kyi yan-lag,* skr. *priti-saṁbodhyaṅgam)* des ruhmreichen Gāutama.«[19]

Die Eigenschaften, Fähigkeiten und Errungenschaften eines Buddha werden in der Literatur in immer neuen Variationen zusammengestellt. Eine dieser Gruppen sind die im Text erwähnten »sieben Erleuchtungsglieder« *(byaṅ-chub yan-lag bdun,* skr. *sapta bodhyaṅga)*. Sie setzen sich wie folgt zusammen:

1. Vollkommene Bewußtheit *(dran-pa yaṅ-dag byaṅ-chub-kyi yan-lag,* skr. *smṛiti-saṁbodhyaṅgam)*
2. Vollkommene Weisheit der Unterscheidung in bezug auf die Phänomene *(chos rab-tu rnam-par 'byed-pa yaṅ-dag byaṅ-chub-kyi yan-lag,* skr. *dharma-pravicaya-saṁbodhyaṅgam)*

3. Vollkommene (freudige) Anstrengung *(brtson-'grus yaṅ-dag byaṅ-chub-kyi yan-lag,* skr. *vīrya-saṁbodhyaṅgam)*
4. Vollkommene Freude *(dga'-ba yaṅ-dag byaṅ-chub-kyi yan-lag,* skr. *prīti-saṁ bodhyaṅgam)*
5. Vollkommene Geschicklichkeit *(śin-sbyaṅs yaṅ-dag byaṅ-chub-kyi yan-lag,* skr. *prasrabhdi-saṁbodhyaṅgam)*
6. Vollkommene Konzentration *(tiṅ-'dzin yaṅ-dag byaṅ-chub-kye yan-lag,* skr. *samādhi-saṁ bodhyaṅgam)*
7. Vollkommener Gleichmut *(btaṅ-sñoms yaṅ-dag byaṅ-chub-kyi yan-lag,* skr. *upekṣā-saṁbodhyaṅgam)*

Daß die kostbare Königin als Sinnbild für die Vollkommene Freude gesehen wird, hängt sicherlich mit der Sexualsymbolik zusammen, die in der indo-tibetischen Tradition häufig zur Umschreibung nicht-konventioneller Bewußtseinszustände benutzt wird.

Der kostbare Minister

Der kostbare Minister verkörpert die Fähigkeit des *Cakravartin*, seine Gedanken und Wünsche ungehindert und ohne Verzögerung in die Realität umzusetzen.

Die Erklärung des *'phags-pa dam-pa'i chos dran-pa ñebar gźag-pa* lautet:

»Die Qualitäten des kostbaren Ministers sind folgende: Was auch immer der König an verschiedenen Aktivitäten in seinem Geist trägt, selbst wenn er noch keine Anweisungen gegeben hat, erkennt er (der Minister) in seinem Geist und führt es aus (wörtlich: widmet es vollständig dem König): Vollständig, aktiv handelnd *(bsags-pa),* ohne Anhaftung, vermeidet alles, was nicht dem *Dharma* entspricht, führt das Rechte *(śin-tu rigs-pa)* aus, am rechten Ort, zur rechten Zeit, ohne Komplikationen *(ñon-moṅs-pa med-pa),* ohne jemandem zu schaden, ohne einen Menschen zu stören. Während er [Handlungen ausübt], deren Natur als ganz rein zu bezeichnen ist *(yaṅ-dag-pa'i tha-sñad-daṅ ldan-pa'i raṅ-bźin),* ermüdet er nicht. Sein Wunsch richtet sich auf die verschiedenen Aktivitäten des Königs oder auf Handlungen zum Nutzen des *dharma.* Alles, was in Zukunft zu tun ist, wird er vollständig darbringen [= durchführen].«[20]

Ergänzend dazu die religiöse Erklärung des *rgyu gdags-pa:*

»So wie der Minister [die Absichten des Königs] erkennt und auch über den Sinn nachdenkt, ebenso schneidet Buddha, der *bhagavān,* durch seine Weisheit die Bindungen der *māra* ab.«[21]

Der kostbare Elefant

Der Elefant als eines der gewaltigsten Tiere versinnbildlicht die Macht und Stärke des *Cakravartin*, die mit Güte, Klugheit und Selbstbeherrschung gepaart ist.

So beschreibt ihn beispielsweise das *'phags-pa dam-pa'i chos dran-pa ñe-bar gźag-pa:*

»Er ist klug und sehr gehorsam und besiegt alle gegnerischen Heere. Er besitzt sieben Glieder *(yan-lag bdun):* er ist mit vier Beinen (wörtlich: Armen und Beinen), dem Schwanz, den Hodensäcken, die sich an der Stelle der Geschlechtsorgane befinden *(rlig-pa 'doms-kyi gnas-na 'dug-pa),* und dem Rüssel wohlversehen *(legs-par gnas-pa).* Von Natur *(raṅ-bźin)* aus besitzt er die Kraft von tausend Elefanten. Deshalb ist er von schönem Aussehen und von weißer Farbe wie Schnee und Silber, und zwar wie der Elefant des *Kāuśika (brgya-byin).* Die anderen Elefanten [können] nicht bleiben, wenn sie ihn gewittert haben *(dri tshor-ba).* Er kämpft an drei Orten: im Wasser, auf dem festen Land und im Raum. Mit seiner vollkommenen Kraft *(śugs phun-sum tshogs-pa)* kann er an einem Tag dreimal [den Kontinent] *'Dzam-bu-gliṅ (Jambudvīpa)* umrunden. Er wird nur an einer Schnur geführt. Wenn *Cakravartin* den klugen Elefanten reitet, dann folgt dieser direkt seinem Geist [dem Geist des *Cakravartin*]. Wohin auch immer

Cakravartin seine Gedanken richtet, dorthin geht der Elefant ganz ohne Anweisung. Sein Gang ist ruhig und majestätisch, mit vortrefflichen Bewegungen *(spyi-bor bskyod-pa)*, ohne Störungen *(gnod-pa)* und Erschütterungen *('khrug-pa)*, gutaussehend und schön. Wenn er unter Kinder geht, erschreckt er sie nicht. Wenn er in engen Straßen oder Kreuzungen oder [sogar] in Dachkuppeln *(ba-gam)* herumgeht, können selbst Frauen seinen Anblick ertragen. Wenn er kämpft, im Zorn, [kann er immer noch] an der Schnur geführt werden.«[22]

Der Elefant wird als »der mit den sieben Gliedern« *(yan-lag bdun-ldan)* bezeichnet. Ich kenne keine Erklärung in der Literatur oder in der Volksüberlieferung, aus der man entnehmen könnte, warum diese besonders hervorgehoben sind. Die entsprechende Übertragung auf die religiöse Ebene im *rgyu gdags-pa* lautet:

»So wie der kostbare Elefant des *Cakravartin*, so soll man die Vier Arten von übernatürlichen [Errungenschaften] *(rdzu-'phrul-gyi rkaṅ-pa bźi*, skr. *catvāri ṛiddhipāda)* des So-Gegangenen *(de-bźin gśegs-pa*, skr. *tathāgata)*, des Feind-Zerstörers *(dgra-bcom-pa*, skr. *arhat)*, des vollkommenen Buddha *(yaṅ-dag-par rdzogs-pa'i saṅs-rgyas*, skr. *samyak-sambuddha)* betrachten, denn der *bhagavan* hat durch die Vier Arten von übernatürlichen [Errungenschaften] alle Befleckungen beseitigt und [Erkenntnis] aller Phänomene, frei von Schleiern, erlangt.«[23]

Ebenso wie für die Kräfte des *Cakravartin*, steht der Elefant als Symbol für die unbegrenzten Fähigkeiten und Kräfte des Buddha: übernatürliches Streben *('dun-pa'i rdzu-'phrul-gyi rkaṅ-pa*, skr. *chanda ṛiddhipāda)*, übernatürliche Anstrengung *(brtson-'grus-kyi rdzu-'phrul-gyi rkaṅ-pa*, skr. *vīrya ṛiddhipāda)*, übernatürliches Denken *(bsam-pa'i rdzu-'phrul-gyi rkaṅ-pa*, skr. *citta ṛiddhipāda)*, übernatürliches Ergründen *(dpyod-pa'i dzu-'phrul-gyi rkaṅ-pa*, skr. *mīmaṁ sā ṛiddhipāda)*.

Das kostbare Pferd

Das kostbare Pferd symbolisiert die Beweglichkeit und Geschwindigkeit des *Cakravartin* und ist zugleich sein Reittier. Das Pferd spielt überhaupt eine bedeutende Rolle in der vorbuddhistischen[24] und buddhistischen Symbolik. Es wird in zahllosen Variationen dargestellt, die sich zum Teil vermischen. So überrascht es nicht, daß das kostbare Pferd in den Texten *'phags-pa dam-pa'i chos dran-pa ñe-bar gźag-pa* und *rgyu gdags-pa* von seiner äußeren Erscheinung her ganz unterschiedlich beschrieben wird.

Im *'phags-pa dam-pa'i chos dran-pa ñe-bar gźag-pa* finden sich dazu folgende Erläuterungen:

»Das kostbare Pferd ist weiß wie eine Gans und die *kumuda*-Blume. Es ist am Scheitel usw. vollständig mit schönfarbigen Götter-Juwelen geschmückt. Körpermaße, Farbe und Gestalt sind vollkommen. Wenn es herumläuft, kann es an einem Tag dreimal den Kontinent *'Dzam-bu-gliṅ (Jambudvīpa)* umrunden. Sein Körper ist frei von Krankheit.«[25]

Im *rgyu gdags-pa* sieht das kostbare Pferd ganz anders aus:

»So wie das blaue, schwarzköpfige Pferd des Königs Wolkenkraft *(sprin-śugs)* [besitzt], ebenso [besitzt] *Gāutama* die vielgerühmten *(grags-ldan)* reinen Entsagungen *(yaṅ-dag spoṅ-ba).*«[26]

Es gibt zur Entsagung des Buddha eine Aufzählung von vier Punkten, die die Vier Arten der reinen Entsagung *(yaṅ-dag spoṅ-ba bźi,* skr. *catvāri saṃyakpra-hāṇa)* genannt werden, obwohl nur die erste davon das Verb »entsagen« enthält:

1. Dem Unheilsamen, das [bereits] entstanden ist, entsagen *(mi-dge-ba ma-skyes-pa spoṅ-ba)*
2. Das Unheilsame, das [noch] nicht entstanden ist, nicht entstehen lassen *(mi-dge-ba ma-skyes-pa mi-bskyed-pa)*
3. Das Heilsame, das [bereits] entstanden ist, anwachsen lassen *(dge-ba skyes-pa spel-ba)*
4. Das Heilsame, das [noch] nicht entstanden ist, entstehen lassen *(dge-ba ma-skyes-pa bskyed-pa)*

Bei diesen tibetischen Begriffen handelt es sich um verkürzte Formeln, die etwas ausführlicher umschrieben werden müßten, damit man ihre Entsprechung im Sanskrit feststellen könnte.

Der kostbare Kriegsherr bzw. Hausherr

Die drei Figuren »Minister«, »Hausherr« und »Kriegsherr« stehen in Beziehung zueinander.[27] Dem Minister wird hauptsächlich die Eigenschaft des Umsetzens in die Realität zugeordnet, der Hausherr dagegen verkörpert gewissermaßen die Basis oder das Volk des *Cakravartin*, das ihm Verehrung entgegenbringt und ihm die Mittel für seine Aktivitäten zur Verfügung stellt. Das Symbol des Kriegsherrn steht für zornvolle Durchsetzung und Sieg über alle Hemmnisse.

Die Gruppenzusammensetzung der Sieben Kostbarkeiten der Königsherrschaft variiert in verschiedenen Texten. Wenn der Kriegsherr als einzelne Figur erscheint, hat automatisch der Minister die Eigenschaften des Hausherrn mit übernommen, das heißt, die Qualität des Umsetzens in die Realität wird eher im Sinne einer friedlichen Verwaltung gesehen. Erscheint aber der Hausherr als Einzelfigur anstatt des Kriegsherrn, dann hat automatisch der Minister die Eigenschaften des Kriegsherrn übernommen, das heißt, die Qualität des Umsetzens in die Realität wird eher zornvoll als Sieg über die Hindernisse aufgefaßt.

Im *'phags-pa dam-pa'i chos dran-pa ñe-bar gźag-pa* wird seine Rolle folgendermaßen erläutert:

»Die Eigenschaften des kostbaren Hausherrn sind folgende: Mit Diamanten, kostbaren *nīla (mthon-ka), marakata (mar-gad), musālagalva (spug),* mit [diesen] Kostbarkeiten usw. werden Schluchten, Abgründe, Einsiedeleien und andere unangenehme *(mi-mthun-pa)* [Orte] ohne Aufforderung ganz angefüllt. Diese Kostbarkeiten sind schon unerschöpflich, ganz zu schweigen *(lta-źig smos-kyaṅ ci-dgos)* von Gold und Silber. Der Reichtum dieses kostbaren Hausherrn ist sehr stabil. Er täuscht und betrügt niemanden und fügt anderen keinen Schaden zu. Alle Menschen mögen ihn.«[28]

Daß die Beschreibung des materiellen Reichtums hier offensichtlich wieder auf die geistige Ebene übertragen werden soll, ist unter anderem an der Verbindung mit den menschlichen Qualitäten des Hausherrn zu erkennen, vor allem aber daran, daß er durch sein Einwirken unangenehme Orte zu angenehmen macht.

Die direkte Verbindung mit dem *Cakravartin* wird im *rgyu gdags-pa* hergestellt:

»Wie der kostbare Hausherr [in Beziehung zum] *Cakravartin*, ebenso wird der Buddha [in Beziehung zu] den vier Kasten, den Königlichen *(rgyal-rigs,* skr. *kṣatriya),* den Brahmanen *(bram-ze'i-rigs,* skr. *brāhmaṇa),* dem Mittelstand *(rje'u-rigs,* skr. *vaiśya)* und den Niedrigen *(dmaṅs-rigs,* skr. *śūdra),* betrachtet, weil die vier Kasten dem So-Gegangenen *(de-bźin gśegs-pa,* skr. *tathagata),* dem Feind-Zerstörer *(dgra-bcom-pa,* skr. *arhat),* dem vollkommenen Buddha *(yaṅ-dag-par rdzogs-pa'i saṅs-rgyas,* skr. *samyaksambuddha),* Kleidung, Speise, Schlafgelegenheit, Matte, Medikamente gegen Krankheiten und Gebrauchsgegenstände ehrfürchtig zur Verfügung gestellt haben.«[29]

Der Vergleich zwischen dem Hausherrn des *Cakravartin* und den Gabenspendern aus den verschiedenen Kasten, die dem Buddha Opfergaben darbringen, weist auf die Bedeutung des Hausherrn als des Versorgers und ebenfalls wieder auf die Gleichstellung des *Cakravartin* und des Buddha hin.

Die Verwendung der Sieben Kostbarkeiten der Königsherrschaft

Soweit die Erklärungen zu den einzelnen Symbolen. Was nun ihre Funktion als glückbringende Zeichen angeht, so werden sie sowohl in ihrer eigentlichen Bedeutung als Sinnbilder für die Königsherrschaft verwendet wie auch in ihrer esoterischen Bedeutung in verschiedenen Ritualen, zum Beispiel beim sogenannten *maṇḍala*-Opfer. Bevor ich auf die mit der Darbringung verbundenen Rezitationen näher eingehe, möchte ich hier zunächst erklären, was unter dem *maṇḍala* allgemein und unter dem *maṇḍala*-Opfer zu verstehen ist.

maṇḍala und *maṇḍala-Opfer*

Das *maṇḍala* in seiner ältesten Form ist einfach ein »Bezirk«, und zwar war damit bereits in der vorbuddhistischen indischen Tradition ein sorgfältig von der profanen Umgebung abgegrenzter, besonders gereinigter, quadratischer oder runder Bereich gemeint, der zum Beispiel für die Ausübung der vedischen Opferrituale bestimmt war.[30]

In der buddhistisch-tantrischen Praxis der indo-tibetischen Überlieferung ist das *maṇḍala*, der heilige Bezirk, in konsequenter Weiterentwicklung der Inbegriff nicht-konventioneller Realität. Es ist für den Praktizierenden direkt erfaßbar, jedoch nicht in der vertrauten, räumlich-zeitlich begrenzten Weise. Es ist »die andere Welt«, die jedoch in bezug auf die gewöhnliche Welt nicht mit Begriffen wie »getrennt«, »ungetrennt«, »darin enthalten« oder »außerhalb« bezeichnet werden kann. Die geistigen Schulungsmethoden des Tantra zielen darauf ab, die konventionellen Vorstellungen des Praktizierenden in bezug auf seine bekannte Realität aufzuheben. Zu diesem Zweck wird ihm die Bedeutung aller Elemente seines Bezugssystems von verschiedenen Ebenen her neu erklärt und erfahrbar gemacht. Er lernt, die Summe seiner Wahrnehmungen nicht länger als gewohnte, konkrete Umgebung zu interpretieren, sondern darin das von allen irreführenden Konzepten und individuellen Zufälligkeiten gereinigte Grundmuster, sein *maṇḍala*, zu erkennen. Im Tibetischen wird das Sanskrit-Wort, je nach Blickwinkel, mit zwei unterschiedlichen Begriffen übersetzt: *dkyil-'khor* (Zentrum mit Umgebung) wird verwendet im Hinblick auf die Bedeutung des *maṇḍalas* als Meditationsobjekt, zum Beispiel in Form eines als Grundriß auf Stoff gezeichneten *(ras-bris-kyi dkyil-'khor)* oder aus Sand hergestellten *(rdul-tshon-gyi dkyil-'khor) maṇḍala*[31] bzw. eines als Modell aufgebauten *maṇḍala (blos-blaṅs-kyi dkyil-'khor)* oder eines *maṇḍalas*, das nur aus Konzentration besteht *(bsam-gtan-gyi dkyil-'khor)*, während mit *sñin-po* (Essenz) das Ziel gemeint ist, das mit der Meditation erreicht werden soll.

In der äußeren Praxis gilt es als besonders verdienstvoll und wirksam für die geistige Entwicklung, sich symbolisch von seinem eigenen *maṇḍala* zu lösen, indem man es als wertvollste Opfergabe einer Gottheit oder einem Lama rituell darbietet. Für diese Übung kann man ein *maṇḍala*-Opfergerät benutzen, das aus einem Boden, häufig drei oder vier ineinanderpassenden Ringen und einer Spitze besteht. Material und Ausstattung sind unterschiedlich und hängen unter anderem vom Wohlstand des Besitzers ab. Auf dem Boden des Gerätes wird Getreide, eventuell vermischt mit Edelsteinen oder Münzen, nach bestimmten Regeln aufgehäuft, mit den Ringen in eine stabile Form gebracht und mit der Spitze gekrönt. Beim Rezitieren und Visualisieren macht sich der Praktizierende bewußt, daß die Attribute der weltlichen Königsherrschaft in ihrer transformierten Form geistige Qualitäten sind.

In dem Rezitationstext, der zum *maṇḍala*-Opfer gehört, werden als Objekte der Darbringung neben dem goldenen Boden, der umgebenden Mauer, dem Berg Meru, den Kontinenten und Subkontinenten, die das Universum ausmachen, unter vielen weiteren Opfergaben die Sieben Kostbarkeiten der Königsherrschaft ausdrücklich genannt.

Außer als *maṇḍala*-Opfer finden die Sieben Kostbarkeiten in Form von Skulpturen und bildlichen Darstellungen auch Verwendung als allgemeine Opfergaben, als Abbildung auf Miniaturkultbildern *(tsakli),* am unteren Rand von *thaṅ-ga,* als Wand- und Balkenmalereien, als Reliefs an den Ringen der *maṇḍala*-Opfergeräte oder als Butterornamente auf Speiseopferfiguren *(gtor-ma).* Sie werden hohen geistlichen und weltlichen Persönlichkeiten zu bestimmten Gelegenheiten überreicht, z. B. bei der Inthronisierung, zum Neujahrs-, Begrüßungs-, Danksagungsfest und zu anderen großen Festlichkeiten. Außerdem werden sie als Opfergaben an den Lama dargebracht bei der Zeremonie »Festes Verweilen« *(brtan-bźugs),* ferner beim »Ritual zur Zufriedenstellung« *(bskaṅ-gso),* beim »Ritual zur Herbeiführung des glücklichen Geschicks« *(g'yaṅ-sgrub)* und nach Abschluß der Ermächtigungszeremonien *(dbaṅ).*

Die in diesen Ritualen enthaltene Darbringung der Sieben Kostbarkeiten erfolgt ebenfalls durch bestimmte Rezitationen. Es handelt sich dabei um stark verkürzte und verschlüsselte Formeln, deren volle Bedeutung ohne ausführliche Erläuterungen nicht verstanden werden kann. So ist zum Beispiel der Begriff »Feld« *(źiṅ)* hier eine Chiffre für das *Maṇḍala* des Praktizierenden. Der folgende Rezitationstext ist dem *dPal-ldan stod-rgyud lugs-kyi rab-gnas dge-legs char-'bebs-kyi ṅag-'don phyogs-bsgrigs gsal-byed me-loṅ*[32] entnommen. Derjenige Teil der Rezitation, der in jeder

Strophe unverändert wiederholt wird, wird nur beim ersten Mal wiedergegeben und durch je zwei Doppellinien gegen den übrigen Text abgehoben. Die Übersetzung endet nach der ersten Strophe der Aufzählung der Sieben Kostbarkeiten.

/ mi-dbaṅ rin-chen- sna-bdun 'di-dag ni /
/ saṅs-rgyas sras-daṅ bcas-pa ma-lus la /
/ bsams-śiṅ yid-kyis sprul-te phul-ba yis /
/ 'gro-bas mi-zad gter-la spyod-par śog /
/ oṃ ma hā sapta ratna pū dza me gha āḥ hūṃ svā-hā /

/ źiṅ-'di 'khor-lo rin-chen gyis /
/ ‖:mkhas-pa dag-gis- yoṅs-bkaṅ ste /
/ dṅos-grub 'dod-pa sbyin-pa'i phyir /
/ ñin-re śes-rab can-gyis dbu:‖ /
/ oṃ cakra ratna pū ja me gha āḥ hūṃ svā-hā /

/ źiṅ-'di nor-bu rin-po ches / . . .
/ oṃ ma ṇi ratna pū ja me gha āḥ hūṃ svā-hā /
/ źiṅ-'di btsun-mo rin-po ches / . . .
/ oṃ strī ratna pū ja me gha āḥ hūṃ svā-hā /

/ źiṅ-'di blon-po rin-po ches / . . .
/ oṃ pu ru ṣa ratna pū ja me gha āḥ hūṃ svā-hā /

/ źiṅ-'di glaṅ-po rin-po ches / . . .
/ oṃ ga ja ratna pū ja me gha āḥ hūṃ svā-hā /

/ źiṅ-'di rta mchog rin-po ches / . . .
/ oṃ a śva ratna pū ja me gha āḥ hūṃ svā-hā /

/ źiṅ-'di dmag-dpon rin-po ches / . . .
/ oṃ khaṅga ratna pū ja me gha āḥ hūṃ svā-hā /

»Diese Sieben Kostbarkeiten des Herrschers der Menschen bringe ich all den Buddhas und *bodhisattvas* dar, nachdem ich sie bereitgestellt und geistig transformiert habe. Mögen dadurch alle Lebewesen unerschöpfliche Schätze genießen.

Die Wissenden füllen dieses Feld gänzlich mit kostbaren Rädern ‖:und bringen sie aus der Erkenntnis täglich dar, damit ihr Wunsch nach Verwirklichungen erfüllt werde:‖ (Mantra)...«

In den folgenden Strophen werden im gleichbleibenden Text nacheinander die Sieben Kostbarkeiten genannt.

Abb. 5

4 Die Sieben sekundären Kostbarkeiten

Es handelt sich um eine weitere Gruppe von sieben Zeichen, die dem *Cakravartin* zugeordnet werden, daher wird der tibetische Begriff *ñe-ba* mit »sekundär« übersetzt.

Das Schwert *(ral-gri,* skr. *khadga)*
Die Haut *(pags-pa,* skr. *carman)*
Das gute Haus *(khaṅ-bzaṅ,* skr. *harmya)*
Das Gewand *(gos,* skr. *cīvara)*
Der Garten *(tshal,* skr. *vana)*
Der Sitz *(mal-cha,* skr. *śayana)*
Die Schuhe *(lham,* skr. *pulā)*

Sie werden bereits in dem kanonischen Text *'phags-pa dam-pa'i chos dran-pa ñe-bar gźag-pa* (skr. *ārya saddharmānusmṛty upasthāna*)[1] erwähnt.

Die Ausstattung eines Weltenherrschers, eines *Cakravartin*, besteht nicht nur aus den bereits behandelten Sieben Kostbarkeiten der Königsherrschaft, sondern auch aus den Sieben sekundären Kostbarkeiten. Dem Mythos gemäß erstreckt sich der Aktionsradius des *Cakravartin* auf den Menschen- und einen Teil des Götterbereichs, nämlich den Begierdebereich und den Formbereich (siehe Die Fünf Qualitäten des Genusses, Seite 133ff.). Während nun die Sieben Kostbarkeiten der Königsherrschaft sich durch rätselhaft magische Eigenschaften auszeichnen, die sie der direkten menschlichen Erfahrung weitgehend entziehen, ist die Verbundenheit des *Cakravartin* mit dem Menschenbereich durch die Sieben sekundären Kostbarkeiten deutlich gemacht, die – obwohl ihre Beschreibung auch magische Bestandteile enthält – der menschlichen Vorstellungswelt näherliegen.

Der Text *'phags-pa dam-pa'i chos dran-pa ñe-bar gźag-pa* führt dazu aus:

»Der *Cakravartin* benutzt die Sieben Kostbarkeiten der Königsherrschaft und die Sieben Kostbarkeiten der unmittelbaren Umgebung in den vier Menschenbereichen und den zwei Arten von Götter-Umgebungen *(mi'i gnas-bźi daṅ lha'i rigs-gñis la ñe-ba'i ñe-bar spyod-pa yin-no).* Seine tausend Söhne, kühne Helden *(dpa'-źiṅ rtul-phod),* vernichten alle Gegner *(pha-rol-gyi sde).* Sie werfen sich vor dem *Cakravartin* nieder. Sie werden die Glückseligkeiten erfahren, die in angemessener Weise verursacht sind durch den Weg der zehn heilsamen Handlungen, der im Aufgeben der unheilsamen Handlungen aus dem Schaden-Geist *(gnod-sems)* heraus [besteht].«[2]

Mit den vier Menschenbereichen sind die vier Kontinente gemeint, die in der buddhistischen Kosmologie den Berg Meru umgeben. Die zwei Götterbereiche entsprechen hingegen, wie oben erwähnt, dem Begierdebereich *('dod-khams)* und dem Formbereich *(gzugs-khams).* Im dritten, dem formlosen Bereich *(gzugs-med-khams)* kann der *Cakravartin* nicht agieren, weil dieser Bereich eben keine physischen Formen kennt. Die tausend Söhne sind die, die ihm nachfolgen oder dienen. Dies entspricht vom Sprachgebrauch her den »Söhnen des Siegers« *(rgyal-ba'i sras),* also den *bodhisattvas*, die dem Buddha nachfolgen.

In der buddhistischen Interpretation des *Cakravartin*-Mythos, wie sie im kanonischen Text enthalten ist, werden die Gegner »dharmagemäß« unterworfen, das heißt, ihnen wird kein Schaden zugefügt, sondern aufgrund der Heranführung an die geistige Welt des *Cakravartin* lernen sie, durch heilsames Handeln zur Glückseligkeit zu gelangen.

In seinem Werk *gsaṅ-ṅags rig-pa 'dzin-pa'i sde-snod-las byuṅ-ba'i miṅ-gi graṅs* beschreibt auch Longdol Lama die Sieben sekundären Kostbarkeiten und erwähnt zum Vergleich auch andere Variationen. So enthält die Gruppe zum Beispiel im *maṇḍala*-Ritual von gTsug-dgu *(gTsug-dgu'i dkyil-chog)* das Schwert, die Haut, den Garten, Pfeil und Bogen, das Gewand, die Schuhe sowie Schnur und Nadel eines Brahmanen. Im Kommentar zu einer Art von Ermächtigung *(dbaṅ-ṭik)* setzt sie sich aus Edelsteinen zusammen: Rubin *(padma-ra-ga*, skr. *padmarāga)*, Saphir *(in-dra-nī-la*, skr. *indranīla)*, Lapislazuli *(bāi-durya*, skr. *vāiḍūrya)*, Smaragd *(mar-gad*, skr. *marakata)*, Diamant *(rdo-rje*, skr. *vajra)*, Perle *(mu-tig*, skr. *muktikā)* und Koralle *(byu-ru*, skr. *vidruma)*.[3]

Zu den einzelnen Gegenständen der allgemein bekannten Gruppe liefert das *'phags-pa dam-pa'i chos dran-pa ñe-bar gźag-pa* folgende Erklärungen, wobei die oft wiederkehrende Wendung *ñe-ba'i rin-po-che* statt mit »sekundäre Kostbarkeit« gelegentlich der Verständlichkeit halber mit »kostbar« übersetzt wurde:

»Wenn die Bewohner eines Ortes sich dem Geist oder Wort des Königs widersetzen wollen, geht das kostbare Schwert dorthin, ohne jemanden zu schlagen. Sogar ohne daß das kostbare Schwert jemanden schlägt, zeigen alle Bewohner des Ortes Respekt, wenn sie es [nur] sehen. Die Qualität dieser sekundären Kostbarkeit ist folgende: Es [arbeitet] gut, unerschöpflich und pausenlos, indem es alle Bewohner, obwohl sie nicht mit der Waffe gejagt werden, von selbst zum Aufgeben [bringt]. Das ist die Qualität der sekundären Kostbarkeit des Schwertes.

Wie ist nun die Qualität der sekundären Kostbarkeit der Haut beschaffen? Die kostbare Haut kommt aus dem Meer. Sobald die Händler die kostbare Haut aus dem Meer bekommen haben, bringen sie sie dem König dar. Ihre Qualitäten sind folgende: Sie ist die Haut eines Meeres-*nāga*, fünf *dpag-tshad (yojana)* breit, zehn *dpag-tshad* lang, die durch Regen nicht naß wird, durch Wind nicht bewegt, durch Feuer nicht verbrannt. Bei Kälte erzeugt sie Wärme, bei Hitze angenehme Kühle. Wohin auch immer der *Cakravartin* mit seinem Gefolge geht, dorthin nimmt der kostbare Minister sie mit. Sie erledigt die gesamte Hausarbeit der Leute des Königs, so wie sie sie im einzelnen durchführen. Häßliche Frauen sind nicht zu sehen, sie werden [durch sie] schön (wörtlich weiß, *dkar-ba*). Sie besitzt auch das Leuchten von Mond und Sonne.

Als drittes [gibt es] den kostbaren Sitz des Königs: Er ist geräumig, weich, federnd. Deshalb, wenn man darauf drückt oder losläßt, gibt er jeweils nach *(btegs-na 'phar-ba daṅ mnan-na nem byed-pa)*. Falls man daran denkt, Versenkung [zu üben], wird [auf ihm] die Versenkung vollständig entfaltet und der Geist geklärt. Falls man unter die Gewalt der Anhaftung gerät, kann man auf dem Sitz sitzend im gleichen Moment von Anhaftung befreit sein und nicht mehr anhaften. Mit Haß und Verblendungen [geht es] auch auf diese Weise. Der Sitz als sekundäre Kostbarkeit ist so etwas Ähnliches wie ein Versenkungsort. Wenn der König auf dem kostbaren Sitz sitzt und die Frauen betrachtet, wird dadurch in ihm große Freude hervorgerufen, obwohl in seinem Geist keine Anhaftung entsteht. Dies ist als Drittes der Sitz mit seiner Qualität einer sekundären Kostbarkeit.

Viertens, wie viele Qualitäten einer sekundären Kostbarkeit besitzt der Garten? Folgende: Falls der König im Garten Versenkung [üben] möchte und dorthin geht, kommen durch die Kraft des Gartens und die wie auch immer gearteten heilsamen Handlungen des Königs die Freuden der Gärten der Götterwelt, nämlich Blumen, Früchte, Vögel, Lotos, Teiche und angenehme fließende Gewässer, die musizierenden Töchter der Götter, lächelnd und anmutig, alle zu diesem Garten, und dieser König besitzt auch wie ein Götterkönig die Qualitäten des Begierde[bereichs] der Götter. Dort in dem Garten der sekundären Kostbarkeit genießt er zusammen mit den Frauen große Freuden. Derjenige, der den Yoga der heilsamen Handlungen praktiziert, verweilt im Garten der vierten sekundären Kostbarkeit.

Wie ist nun das Haus des *Cakravartin* beschaffen? Mit wie vielen Qualitäten ist es ausgestattet? Mit folgenden: Wenn jemand im kostbaren Haus des *Cakravartin* schläft und in der Nacht zur Schlafenszeit den Mond sehen möchte, kommen auch Planeten, Sterne und Sternschnuppen dorthin zu seinem Haus. Sie kommen dorthin. Wenn man auch seine Juwelen sieht, freut man sich. Sogar Göttinnen machen Göttermusik. Von jeglicher Traurigkeit befreit, wird dieser Mensch in Glückseligkeit schlafen. Im Schlaf wird er mit großer Freude angenehme Träume erleben. In kalter Zeit steigt warme Luft auf und in warmer Zeit wird er von kühler Luft berührt, die angenehm und weich aufsteigt. Zwei von den drei Phasen der Nacht schläft er und in der dritten wird er, frei von Schlaf, aufstehen und in glückseligen Umständen verweilen. Das ist das kostbare Haus des *Cakravartin*.

Wie viele Arten von kostbaren Gewändern gibt es und wie viele Qualitäten besitzen sie? Folgende: Sie sind fein gewebt, von vorzüglicher Weichheit und unbefleckt von Schmutz. Wenn man sie anzieht, können einem Kälte, Wärme, Hunger, Durst, Schwäche, Erschöpfung und Müdigkeit nicht [mehr] schaden, Feuer und Waffen können [einen] weder verbrennen noch schneiden.

Ferner, die Schuhe des *Cakravartin* als sekundäre Kostbarkeit, wie sind sie [beschaffen]? Ein Yoga-Praktizierender, der in der Betrachtung der inneren Phänomene gemäß dem *dharma* verweilt, hat durch Hören verstanden oder durch das Götterauge ergründet: Wenn der *Cakravartin* die kostbaren Schuhe über seine Füße streift, werden seine Füße, wie auf trockenem Boden, nicht einsinken. Ebenso wird er auch im Wasser nicht versinken. Falls er langsam vorwärts gehen möchte, wird er sogar 100 *dpag-tshad* gehen und am Körper keine Müdigkeit [verspüren].«[4]

In diese Bilder sind offensichtlich alle Phantasien von Wunscherfüllung und Beseitigung der alltäglichen Sorgen eingeflossen, die sich ein Mensch im alten Indien nur ausdenken konnte – falls man von »ausdenken« sprechen kann. Manchmal fragt man sich unwillkürlich, welche Art von Wissen wohl hinter den Beschreibungen der sagenhaften technischen Möglichkeiten früherer Könige stecken mag. Aber dazu gibt es natürlich kein Material.

Abb. 6

5 Die Sieben Juwelen

Als die Sieben Juwelen bezeichnen wir eine Gruppe von Gegenständen, die als Einzelsymbole aus der chinesischen Kunst übernommen worden sind. Daher gibt es auch keine zuverlässige tibetische Textquelle, aus der wir hinsichtlich der Beschreibung, Bezeichnung oder Bedeutung detaillierte Erklärungen entnehmen könnten. Fast jede Interpretation scheint möglich und zulässig zu sein. Um nur ein Beispiel für die Vielfalt zu geben, habe ich in der folgenden Tabelle anhand von vier verschiedenen Quellen versucht, die Begriffe den Grundformen zuzuordnen. Zum Teil war dies nur durch das Prinzip der negativen Auslese möglich.

Bei der Zusammenstellung folgte ich mit einer Ausnahme den Angaben und der Reihenfolge des *gsaṅ-sṅags rig-pa 'dzin-pa'i sde-snod-las byuṅ-ba'i miṅ-gi rnam-graṅs* von Longdol Lama (18. Jh. n. Chr.), da es sich dabei um einen tibetischen Originaltext handelt:

Einhorn *(bse-ru)*
Elefantenstoßzähne *(glaṅ-chen mche-ba)*
Ein Paar Ohrringe eines Königs *(rgyal-po'i rna-cha)*
Ein Paar Ohrringe einer Königin *(btsun-mo'i rna-cha)*
Gekreuzte Juwelen *(nor-bu bskor-cha)*
Ein dreiäugiges Juwel *(nor-bu mig-gsum-pa)*
Eine achtzweigige Koralle *(byu-ru yan-lag brgyad-pa)*

Longdol Lama erwähnt statt der Elefantenstoßzähne *duṅ-źo* an zweiter Stelle. Hierbei könnte es sich um den Austausch eines Gegenstands mit einem Objekt einer anderen Gruppe handeln. Hier würden sich die Acht Glückssymbole und die Acht glückbringenden Dinge anbieten, wobei das Schneckengehäuse *(duṅ)* und Joghurt *(źo)* in seiner Zusammenstellung zu einem Symbol kombiniert wurden. Aufgrund der meistens dargestellten Form und der übereinstimmenden Angaben der Sekundärliteratur habe ich es vorgezogen, an dieser Stelle die Elefantenstoßzähne zu nennen.

Tabelle 2

Beschreibung der Form	*Bezeichnung bei*			
	Dagyab[1]	*Waddell*[2]	*Olschak/ Wangyal*[3]	*Longdol Lama*[4]
Gruppe	–	*7 Ohrringe*	*den 7 Kostbark. d. Königsherrschaft zugeordnet*	–
1. Ovaler, spitz zulaufender Gegenstand	*unicorn's horn*	*dmag-dpon rna-cha*	*bse-ru'i rva* (Einhorn f. Pferd)	*bse-ru*
2. Stoßzähne	elephants' tusks	*glaṅ-po'i rna-cha*	*glaṅ-chen mche-ba*	*duṅ-źo*
3. Ohrringe, rund	king's earrings	*'khor-lo'i rna-cha*	*nor-bu*	*rgyal-po'i rna-cha*
4. Ohrringe, eckig	queen's earrings	*btsun-mo'i rna-cha*	*rgyan* (Schmuck f. Minister)	*btsun-mo'i rna-cha*
5. Längliche, gekreuzte Gegenstände	measuring unit	*blon-po'i rna-cha*	*dmag-dpon* (Schwert f. Kriegsherr)	*nor-bu bskor-cha*
6. Dreifaches Juwel	three-eye jewel	*rta-mchog rna-cha*	*khyi-sna* (f. Rad)	*nor-bu mig-gsum*
7. Korallenzweig	coral with branches	*nor-bu'i rna-cha*	*rgyal-mo lag* (f. Königin)	*byu-ru yan-lag brgyad-pa*

Fragen wir uns nun, auf welchem Weg diese Symbole nach Tibet gelangt sind, so bietet sich als mögliche Antwort an: als Ornamente auf Seidenbrokat. Die Tibeter lieben kostbare Seidenbrokate sehr und haben sie seit Jahrhunderten aus dem Ausland importiert. Die beste Qualität kam aus Rußland, die zweitbeste aus China, und etwas weniger hochwertig waren die indischen Stoffe. Auf den chinesischen Brokaten kehrten bestimmte Darstellungen immer wieder, folglich könnten sie – auch ohne nähere Angaben – als Glückszeichen interpretiert und in der Gruppe der Sieben Juwelen zusammengefaßt worden sein.

Die Sieben Juwelen finden sich als Ornamente auf dem von hohen geistlichen und weltlichen Würdenträgern begangenen Weg, sie werden als Opfergegenstände auf *Thaṅga* und *Tsakli,* auf Thronen, Zelten, Tischen, Betten und Teppichen sowie auf Gefäßen des täglichen und des religiösen Bedarfs abgebildet und dienen als Verzierungen auf Wänden und Balken, Geldscheinen und *gTor-ma.*

Abb. 7

6 Die Sechs [Zeichen] des langen Lebens

Bei den Sechs Zeichen handelt es sich um eine Zusammenstellung von Symbolen, die einzeln und besonders als Gruppe langes Leben versinnbildlichen.

Der Felsen des langen Lebens *(brag tshe-riṅ)*
Das Wasser des langen Lebens *(chu tshe-riṅ)*
Der Baum des langen Lebens *(śiṅ tshe-riṅ)*
Der Mann mit dem langen Leben *(mi tshe-riṅ)*
Die Vögel des langen Lebens *(bya tshe-riṅ)*
Die Antilope des langen Lebens *(ri-dvags tshe-riṅ)*

Im Gegensatz zu den meisten der vorangegangenen Symbolgruppen sind die Sechs Zeichen des langen Lebens nur auf Abbildungen zu sehen. Es gibt im Zusammenhang mit ihnen keine Opferrituale oder Rezitationen. In der bildlichen Darstellung sind sie fast immer zu einer geschlossenen Komposition zusammengefügt, das gilt auch für die hier abgebildete Szene: Der alte Mann hält in seinen Händen zwei kleine Zimbeln *(tiṅ-śag)*. Vor ihm in einer Schale befindet sich ein Ständer, auf dem ein Teller mit Wasser steht. Daneben sind eine Schale mit Opferkügelchen *(gtor-ril)*, bedeckt mit einem roten Seidentuch, und eine Kanne mit Opferwasser vorbereitet. Damit ist angedeutet, daß der alte Mann im Begriff ist, ein Wasseropfer *(chab-gtor)* durchzuführen.

Es handelt sich dabei um eines der gebräuchlichsten Opferrituale, das sich vor allem dadurch auszeichnet, daß es sich nicht, wie sonst üblich, nur an die Drei Juwelen in der einen oder anderen Form richtet, sondern an einen ausgedehnten Kreis von Empfängern, gegliedert nach vier Kategorien: Lama *(bla-ma)*, Meditationsgottheiten *(yi-dam)*, die Drei Juwelen *(dkon-mchog gsum)*, Beschützer der Religion *(chos-sruṅ)*, *ḍākas* und *ḍākinis (dpa'-bo, mkha'-'gro)*, Götter und Menschen, die das Wahrwort verwirklicht haben *(lha-mi bden-tshig grub-pa)*, Reichtumsgötter *(nor-lha)*, die [mit dem Opfernden] zusammen geborenen Götter *(lhan-cig skyes-pa'i lha)*, sowie die Götter, die [den Opfernden] beschützen *('tsho-ba'i lha* und *sruṅ-źin skyob-pa'i lha)*, fallen in die erste Kategorie der »oberen Gäste« *(yar-mgron)*. Die zweite Kategorie der »mittleren Gäste« *(bar-mgron)* wird gebildet von Erdgöttern *(sa-lha)*, Ortsgöttern *(yul lha)*, Berggöttern usw. *(gźi-bdag sogs)*, *Yakṣas (gnod-sbyin)*, einer Art von räuberischen *yakṣinis ('phrog-ma)*, kraftvollen nicht-menschlichen Wesen *(mi-min mthu-chen)*, verschiedenen Dämonen *(bsgegs, gdon,* siehe Seite 83) und allgemeinen Lebewesen *('gro-ba)*. Zur dritten Kategorie der »unteren Gäste« *(mar-mgron)* gehören Hungergeister oder *Pretas (yi-dvags)*, Wesen, denen [der Opfernde] etwas schuldig ist, und zwar solche, die mit Anhaftung auf die Gegengabe warten *(lan-chags)*, solche, die auf Fleisch warten bzw. am Körper des Opfernden schmarotzen *(śa-'khon)* und solche, die allgemein mit Anhaftung auf die Zurückzahlung seiner Schuld warten *(bu-lon chags-pa)*, sowie *bardo*-Wesen *(bar-do-ba)*. Die letzte Kategorie umfaßt diejenigen Hungergeister, die auf das Restlingsopfer hoffen *(lhag-la re-ba'i yi-dvags)*.[1] Der Zweck dieser Praxis liegt in der Übung des Gebens und vor allem im Abtragen von karmischer »Schuld« anderen Lebewesen gegenüber. Man kann sie als Reinigungspraxis bezeichnen.

Der VI. Paṇ-chen rin-po-che Blo-bzaṅ thub-bstan chos-kyi ñi-ma (1883–1937) hat in China über diese Symbole des langen Lebens folgende Lobpreisung verfaßt:

»Weil früher dieses Land Großchina durch die Siegreichen *(rgyal-ba,* skr. *jina)* und deren Söhne und Töchter *(sras = bodhisattvas)* der drei Zeiten gesegnet wurde, ist der unzerstörbare Felsenberg von der Natur des *vajra*, der die sieben Eigenschaften der Unveränderlichkeit, Unzerstörbarkeit [usw.] besitzt, hervorgebracht worden. Bei dem Baum des langen Lebens, der gebeugt ist von den Früchten mit den acht vortrefflichen Geschmacksarten und der aufgrund der

Flüssigkeit (Wasser) des von jenem (Felsen) ständig herabfallenden Stromes des Unsterblichkeitsnektars gewachsen ist, verweilt im Zustand der Freude der große *ṛṣi* (der alte Mann) mit dem langen Leben und dem strahlenden Ruhm, bei dem die Versenkung in die Erkenntnis der Glückseligkeit *(bde-ba),* der Klarheit *(gsal-ba)* und der Freiheit von störenden Reflektionen *(mi-rtog-pa)* aufgrund des Eindringens der Kraft des Glanzes und des Segens *(gzi-byin-stobs)* von *Amitāyus (Tshe-snaṅ dpag-med = Tshe-dpag-med)* in sein Herz sichtbar geworden ist. Die Antilopen, die die Opferkügelchen *(gtor-ril)* des großen *ṛṣi* genießen, haben ein langes Leben erlangt. Die Vögel (*gñis-skyes,* wörtlich: die Zweimalgeborenen) wurden unsterblich, weil sie mit Freude die Vorzüge des Trinkens des Nektars der Baumfrüchte genossen haben. An dem Ort, an dem die vorzüglichen, heilvollen Merkmale existieren, die [ich] auf diese Weise als die Sechs Zeichen des langen Lebens gepriesen habe, wird, dem Wahrwort *(bden-tshig)* des *Ṛṣi* gemäß, von selbst das Folgende verwirklicht werden: Alle existierenden Anzeichen des Unglücks und Niedergangs und insbesondere alle Gefahren unzeitigen Sterbens mögen besiegt werden! Glückseligkeit, Reichtum, Kraft, Leben, Verdienst und notwendige Gebrauchsgegenstände mögen sich vermehren! Diese Lobpreisung in Versen der vortrefflichen Eigenschaften der Sechs Gebiete des langen Lebens, die ›Rauben der Sinne durch [bloßes] Sehen [dieses Textes]‹ heißt, habe ich, der *Śākya'i dge-sloṅ, Blo-bzaṅ thub-bstan chos-kyi ñi-ma,* im Land Großchina verfaßt.«[2]

Für Vögel wird gern der poetische Ausdruck »Zweimalgeborene« verwendet. Wenn das Ei gelegt wird, findet die »erste Geburt« statt, das Ausschlüpfen betrachtet man als »zweite Geburt«.

Diese Lobpreisung veranschaulicht in exemplarischer Weise, wie im tibetischen Kulturkreis, im tibetischen Denken Symbole geschaffen und verwendet werden konnten:

Die segensreichen Auswirkungen intensiver buddhistischer Praxis verdichten sich zu greifbaren Ergebnissen, nämlich hier zu einer von Mensch und Tieren bewohnten Berglandschaft. Wenn wir uns an einen so außergewöhnlich reinen, krafterfüllten Bereich erinnern oder ihn symbolhaft heraufbeschwören, ist das *tendrel,* und wir haben Anteil an seiner lebensverlängernden Energie, die sich aus spiritueller Verwirklichung speist. Im allgemeinen wird natürlich unter den Tibetern einfach geglaubt, daß diese sechs Zeichen gut für ein langes Leben sind, obwohl kaum jemand dafür noch eine Begründung angeben könnte.

Die Sechs Zeichen sind ein besonders beliebtes Symbol für langes Leben. Sie werden häufig auf die Wände innerhalb der Wohnhäuser oder im Innenhof, zumeist direkt neben der Tür, gemalt. Ebenso werden sie in Throne, Tische und Betten geschnitzt, auf Gefäßen, Untertassen etc. und auf Geldscheinen abgebildet und gelegentlich auch als Teppichmuster verwendet.

Abb. 8

7 Die Fünf Qualitäten des Genusses

Bei den Fünf Qualitäten des Genusses, des Begehrens oder der Begierde handelt es sich um Symbole für die fünf Gruppen von Eigenschaften, die bei Kontakt mit unseren Sinnesorganen die Entstehung von Gier (als Greifen nach dem Genuß) auslösen können: Form *(gzugs*, skr. *rūpa)*, Laut *(sgra*, skr. *śabda)*, Geruch *(dri*, skr. *gandha)*, Geschmack *(ro*, skr. *rasa)*, Berührungsqualität *(reg-bya*, skr. *sparśa)*. Die entsprechenden Symbole sind:

Der Spiegel *(me-loṅ*, skr. *ādarśa)*
Die Laute *(pi-waṅ*, skr. *vīṇā)*
Das Räuchergefäß *(spos-snod)*
Die Früchte *(śin-tog*, skr. *phala)*
Die Seide *(dar*, skr. *netra)*

Sie werden in den kanonischen Texten beschrieben[1] und dienen bis heute als rituelle Opfergaben, deren Darbringung mit bestimmten Rezitationen verbunden ist.[2] Um ihre Bedeutung für den Praktizierenden zu verstehen, muß man sich vor Augen führen, welche Rolle der Begriff »Gier« im Kontext der buddhistischen Erklärungen spielt.

Nach westlichem Sprachgebrauch versteht man unter Gier eine egozentrische Haltung des rücksichtslosen Greifens nach Objekten, deren Besitz Befriedigung verspricht. Im Buddhismus wird dieser Begriff wesentlich umfassender gebraucht, nämlich nicht nur für das Greifen nach Objekten, sondern auch für das Haften an Konzepten über sich selbst und die gesamte Umgebung. Innerhalb der drei »geistigen Gifte« Gier, Haß und Verblendung, die nach der buddhistischen Lehre die Ursachen des Leidens darstellen, nimmt daher die Gier eine besondere Stellung ein. Ohne das krampfhafte Festhalten an der Illusion eines konkreten Ich wären Haß und Dummheit undenkbar. Dementsprechend heißt es auch, daß von allen Befleckungen oder falschen Einstellungen *(ñon-moṅs*, skr. *kleśa)*, die auf dem Wege zur

Buddhaschaft nach und nach aufgegeben werden, die latenten Tendenzen *(bag-chags,* skr. *vāsanā)* der Anhaftung diejenigen sind, die der Praktizierende erst ganz zuletzt, unmittelbar vor dem Erreichen des Ziels, beseitigen kann.

Wie bedeutsam die Auswirkung der Gier im Buddhismus eingeschätzt wird, spiegelt sich auch in der Lehre von den drei Bereichen und den dazugehörigen Termini: Der tibetische Begriff *'dod-yon* (Eigenschaft/Qualität der Begierde) ist eine Verkürzung von *'dod-pa'i yon-tan,* das wiederum abgeleitet ist von *'dod-khams-kyi* oder *'dod-pa'i khams-kyi yon-tan* (Eigenschaft/Qualität des »Bereichs« des Genusses). Bei den drei Bereichen, nämlich dem Begierdebereich, dem Formbereich und dem formlosen Bereich, handelt es sich um eine weitere Beschreibung der möglichen Existenzformen in *Saṃsāra,* die in folgender Weise den geläufigeren sechs Bereichen der Wiedergeburt zugeordnet werden können:

Begierdebereich: *('dod-pa'i khams,* skr. *kāmadhātu)*	Höllen *(dmyal-ba,* skr. *narak)* Bereich der Hungergeister *(yi-dvags,* skr. *pretā)* Bereich der Tiere *(dud-'gro,* skr. *tiryañca)* Bereich der Menschen *(mi,* skr. *manusya)* Bereich der Halbgötter *(lha-ma-yin,* skr. *asura)* Bereich der Götter *(lha,* skr. *deva)*
Formbereich: *(gzugs-khams,* skr. *rūpadhātu)*	Bereich der Götter *(lha,* skr. *deva)*
Formloser Bereich: *(gzugs-med-khams,* skr. *arūpadhātu)*	Bereich der Götter *(lha,* skr. *deva)*

Die Menschen gehören demnach zum Begierdebereich, ebenso die anderen Bereiche der Wiedergeburt, mit Ausnahme der Götter. Bei ihnen gibt es die Möglichkeit der Reinkarnation in allen drei Bereichen, die jedoch immer noch alle zu *saṃsāra* gehören. Der formlose Bereich ist nicht zu verwechseln mit Buddhaschaft oder *nirvāṇa*. Daher ist die Wiedergeburt in einem dieser Bereiche trotz aller Annehmlichkeiten für einen Buddhisten kein wünschenswertes Ziel. Im einzelnen werden die drei Bereiche so beschrieben:

1. Begierdebereich *('dod-pa'i khams)*: Darunter versteht man eine materielle Welt, in der das Bewußtsein hauptsächlich äußeren Reizen ausgesetzt ist. Dieser Bereich, in dem die »gröberen« Existenzen angesiedelt sind, ist gekennzeichnet vom Greifen nach Dingen und Erfahrungen.
2. Formbereich *(gzugs-khams)*: Hier gibt es eine Art von physischer Gegenwart in einer Art von physischer Umgebung auf einer feineren Ebene. Aufgrund des tieferen Wissens um die Zusammenhänge zwischen dem Bewußtsein und der äußeren Umwelt sind die Wesen dieses Bereichs mit einer großen Variationsbreite von Möglichkeiten der Gestaltung ausgestattet. Fasziniert vom Gebrauch und Genuß dieser Möglichkeiten, zeigen sie sehr wenig Interesse an den gröberen Bereichen.
3. Formloser Bereich *(gzugs-med-khams)*: Die Wesen dieses Bereichs oder dieser Existenzweise nehmen keine physische Form mehr an. Der tibetische Ausdruck für diese Art der rein geistigen Präsenz oder »Existenz in der Abstraktion« heißt *yid-lus* (Geist-Körper), jedoch wird das Wort »Körper« nicht so konkret genommen wie in den westlichen Sprachen.

Innerhalb dieser drei Bereiche gibt es viele Stufen fortschreitender Verfeinerung. Jedoch darf das nicht als ein automatischer Aufstieg interpretiert werden. Eine festgelegte Reihenfolge von Geburten, die irgendwann zwangsläufig zum formlosen Bereich führt, gibt es nach der buddhistischen Theorie nicht. Die Unterschiede liegen nicht in der »Stufe der Existenz«, sondern nur in der Wahrnehmung und Konzentrationsfähigkeit auf der subtilen Ebene.

Was den Menschen also an sein leidvolles Dasein bindet, ist die Gier, die letztlich auf grundlegender Unwissenheit beruht. Deshalb bemüht sich der Praktizierende so sehr um ein Verständnis der Ursachen, Auslöser und Auswirkungen von Gier. Daher auch seine gründliche Beschäftigung mit den äußeren Qualitäten seiner materiellen Welt und ihren Einflüssen auf seinen Geist.

Bringt er nun diese Qualitäten, symbolisiert durch bestimmte Gegenstände, als Opfergabe dar, unterscheidet er ebenfalls eine äußere und eine innere Ebene:

Auf der äußeren Ebene sind die Opfergaben immer Ausdruck der Verehrung dem Empfänger gegenüber, sei es Buddha, Meditationsgottheit und/oder Lama. Daher wird er sowohl physisch wie auch in seiner meditativen Vorstellung besonders schöne, makellose und wertvolle Gegenstände wählen, durch die er sein Anliegen symbolisch zum Ausdruck bringen kann.

Auf der inneren Ebene erinnert er sich während der Vorbereitung und der Darbietung daran, daß die fünf Qualitäten buchstäblich alles sind, was er besitzt, alles, was ihm zur Verfügung steht. Ganz gleich, wie auch immer seine Vorstellungen über die Welt außerhalb seines unmittelbaren Erfahrungsbereichs aussehen mögen, der eigene Zugriff darauf ist ihm einzig und allein möglich durch das Tor der Wahrnehmung der fünf Qualitäten. Alles andere sind Auswertungen davon und daraus resultierende Konzepte. Hat er das verstanden, ist er in in seiner Praxis in Richtung auf die Relativierung seiner Denkmuster wieder einen Schritt weitergekommen.

Von den Praktizierenden des Tantra wird diese Relativierung oft dadurch vorbereitet und geübt, daß die Welt als reiner Bereich und die Erscheinungen und Prozesse als Gottheiten bzw. reine Wesen gesehen werden. Nicht die Welt selbst, sondern die Betrachtung der Welt wird transformiert, und zwar unter Benutzung der Beziehung zwischen Wahrnehmung und Gestaltung. Hierzu habe ich als

Beispiel einen Auszug aus dem *rGyud-kyi rgyal-po chen-po dpal gsaṅ-ba 'dus-pa'i rgya-cher 'grel-pa (śrīguhyasamāja-mahātantrarājaṭīkā)* gewählt, der erst so überhaupt zu verstehen ist. Da es bei dieser Arbeit nicht primär um die Behandlung von tantrischen Themen geht, möchte ich von einer weitergehenden Kommentierung absehen.

»Der Praktizierende stellt sich selbst als die Essenz der Nicht-Getrenntheit von der Erkenntnis und dem geheimen *Maṇḍala* vor. Dabei bringt er die Fünf Qualitäten des Genusses in Verbindung mit den drei Aspekten der Opfergabe dar. Die drei Aspekte sind: der äußere, der innere und der geheime. Dazu hat der Erhabene *Ye-śes źabs (Jñanapāda)* fünfzehn Arten des äußeren, fünfzehn Arten des inneren und fünfzehn Arten des geheimen Aspekts erklärt. Eine Zusammenfassung des Inhalts wird hier klar dargestellt...

Was den äußeren Aspekt angeht, so soll das Wesen der Form des Spiegels als *Vairocana (rNam-par snaṅ-mdzad)* betrachtet werden. Das Wesen der makellosen Klarheit soll als *Kṣitigarbha (Sa-yi sñiṅ-po)* betrachtet werden. Das Wesen des Entstehens der Reflektion soll als Göttin *Rūpavajradevī (gZugs-rdo-rje-ma)* betrachtet werden. So soll man die äußere Form auf dreifache Weise verstehen.

Sodann wird der innere Aspekt auf dreifache Weise dargestellt: Da *Vairocana* Form ist, betrachtet der Verwirklicher das Wesen der Form des Auges [als Teil] seines eigenen Körpers als *Vairocana.* Ebenso werden der Augapfel und seine Wahrnehmungsfähigkeit als Essenz des *Kṣitigarbha* dargestellt. Ebenso soll man die Wahrnehmung der Formen der Erkenntnis*maṇḍalas* und geheimen *maṇḍalas* mit ihrer Entfaltung von Göttern mit verschiedenen Körperfarben und *mudras* usw. und ihren leuchtenden und klaren Erkenntnisstrahlen sowie der Schönheit der verschiedenen Arten von Schmuck, die durch die Wahrnehmungsfähigkeit des Auges [zustande kommt], ihrem Wesen nach als Göttin

Rūpavajradevī betrachten. So soll man die innere Form auf dreifache Weise verstehen.

Ferner, was den geheimen Aspekt angeht, ...«[3]

Auf die Ausführungen zum geheimen Aspekt habe ich sowohl hier wie auch in der anschließenden Tabelle verzichtet, weil der reine Text ohne ausführliche Erläuterungen nicht verständlich ist. Der Zugang zu der Sexualsymbolik der tantrischen Erläuterungen, die von Außenstehenden nur zu oft mit konventioneller Sexualität verwechselt wird, erfordert bestimmte Voraussetzungen, Fähigkeiten und einen erweiterten Wahrnehmungsradius.

In dem hier übersetzten Textabschnitt ist der Spiegel ein Symbol für die visuell erfaßbare Form, während er bei den Acht glückbringenden Dingen als Symbol des Bewußtseins benutzt wurde. Durch die unterschiedliche Verwendung dieses Gegenstands ist unabsichtlich einmal mehr zum Ausdruck gebracht, daß die Beziehung zwischen dem Betrachter und dem Objekt der Betrachtung enger ist, als die konventionelle Denkweise vermutet. Es handelt sich um zwei verschiedene Brillen, durch die jedoch nur eine einheitliche Realität zu entdecken ist. Es ist eines der zentralen Anliegen der buddhistischen Theorie, immer und immer wieder auf diese Nicht-Getrenntheit hinzuweisen.

Bei dem Textzitat habe ich mich auf die erste der fünf Qualitäten des Genusses beschränkt, nur um ein Beispiel für diese Art von Erklärungen zu geben. Die Angaben für alle fünf Symbole sind, etwas verkürzt, in Tabelle 3 zusammengefaßt:

Tabelle 5

Aspekt	Spiegel	Laute	Räuchergefäß	Früchte	Seide
Wesen der Form	*Vairocana*	*Ratna-sambhāva*	*Amitābha*	*Amogha-siddhi*	*Akṣobhya*
äußerer Aspekt:	Spiegel	Laute	Geruchssubstanzen	alle Arten von Speisen	alle Arten von Menschen- und Göttergewändern
innerer Aspekt:	Augen	Ohren	Nase	Mund	Haut
geheimer Aspekt:	–	–	–	–	–
Wesen der Eigenschaft	*Ksitigarbha*	*Vajrapani*	*Ākāśagarbha*	*Avalokite-śvara*	*Sarvanīvara-naviṣkambhī*
äußerer Aspekt:	Klarheit	Tätigkeit des Lautespielens			
innerer Aspekt:	Sehfähigkeit	Hörfähigkeit	Farbe der Geruchssubstanzen	Geschmack	Unterschiedliche Gewandfarbe und -form
geheimer Aspekt:	–	–	Riechfähigkeit	Schmeckfähigkeit	Fähigkeit des Berührens
			–	–	–
Wesen der Erfahrung	*Rūpavajra-devī*	*Śabdavajra-devī*	*Gandhavajra-devī*	*Rasavajra-devī*	*Sparśavajra-devī*
äußerer Aspekt:	Reflexion	Laut, Vernehmbarkeit	Entstehung des Duftes aus den Geruchssubstanzen	Unterschiedliche Geschmackserfahrungen	Weichheit der Gewänder
innerer Aspekt:	Sehen des *maṇḍala*	Hören der Klänge	Genuß des Riechens	Genuß des Schmekkens	Angenehme Erfahrung des Berührens
geheimer Aspekt:	–	–	–	–	–

Verwendung

Die Fünf Qualitäten des Begehrens werden symbolisch als Opfergaben dargebracht, wobei sie entweder als konkrete Gegenstände aufgestellt oder auf *thaṅ-ga* oder Miniaturkultbildern *(tsakli)* dargestellt werden können. Man findet sie ebenso als Wand- und Balkenmalerei, als Butterornamente an Speiseopferfiguren *(gtor-ma)*, auf Geldscheinen, auf Gefäßen des religiösen und weltlichen Bedarfs und auf Tischen, Bettgestellen und Zelten.

Die symbolische Darbringung im Ritual erfolgt durch Rezitationen wie die folgende, die dem *dpal-ldan stod-rgyud lugs-kyi rab-gnas dge-legs char-'bebs-kyi ṅag-'don phyogs-bsgrigs gsal-byed me-loṅ* entnommen ist:

/ rgyal-ba zag-med 'byor-la mṅa'-bsgyur yaṅ /
/ 'gro-ba'i don-du 'dod-yon rnam-lṅa yis /
/ mchod-pas mkha'-mñam sems-can thams-cad- kyis /
/ bsod-nams mi-zad gter-la spyod-par śog /

/ oṃ bajra samanta bha dra pū dza me gha āḥ hūṃ svā-hā /

/ rin-chen dbaṅ-gi rgyal-po vai-ḍūrya /
/ sṅon-po la-sogs kha-dog dbyibs-kyi gzugs /
/ rnam-gsum gzugs-kyi rdo-rje mar-byas nas /
/ bla-ma lha-yi spyan-la dbul-bar bya /

/ oṃ rū pa pū dza me gha āḥ hūṃ svā-hā /

/ ma-zin 'byuṅ-ba'i tshogs-pa las-byuṅ ba'i /
/ brjod-bral dbyaṅs-la sogs-pa sgra-yi tshogs /
/ rnam-gsum sgra-yi rdo-rje mar-byas nas /
/ bla-ma lha-yi sñan-la dbul-bar bya /

/ oṃ śapta pū dza me gha āḥ hūṃ svā-hā /

/ ga-bur a-kar dza-ti la-sogs pa /
/ legs-par sbyar-las byuṅ-ba dri-yi tshogs /
/ rnam-gsum dri-yi rdo-rje mar-byas nas /
/ bla-ma lha-yi- śaṅs-la dbul-bar bya /

/ oṃ gandhe pū dza me gha āḥ hūṃ svā-hā /

/ lus-mchog brtas-byed bdud-rtsi'i zas-sogs kyi /
/ mṅar-skyur kha-daṅ bska-la sogs-pa'i ro /
/ rnam-gsum ro-yi rdo-rje mar-byas nas /
/ bla ma lha-yi ljags-la dbul-bar bya /

/ oṃ ra sa pū dza me gha āḥ hūṃ svā-hā /

/ lus-la reg-pa tsam-gyis bde-ster ba /
/ dpag-bsam gos-la sogs-pa reg-bya'i tshogs /
/ rnam-gsum reg-bya'i rdo-rje mar-byas nas /
/ bla-ma lha-yi sku-la dbul-bar bya /

/ oṃ sparśa pū dza me gha āḥ hūṃ svā-hā /

»Obwohl der Sieger über makellosen Reichtum gebietet, opfere ich zum Nutzen der Lebewesen die Fünf Qualitäten des Genusses. Mögen dadurch alle Wesen den unerschöpflichen Schatz der Verdienste genießen!
(Mantra)

Ich bringe den Augen der Lama-Gottheit dar den blauen Lapislazuli, den mächtigen König der Kostbarkeiten, und andere Formen von Farbe und Gestalt, nachdem ich sie in der dreifachen [äußeren, inneren, geheimen] Weise zu *Rūpavajradevī* gemacht habe.
(Mantra)

Ich bringe den Ohren der Lama-Gottheit dar die aus den Ansammlungen von nicht geistbegabten Elementen entstandenen unbeschreibbaren Klänge und all die anderen Ansammlungen von Lauten, nachdem ich sie in der dreifachen Weise zu *Śabdavajradevī* gemacht habe.
(Mantra)

Ich bringe der Nase der Lama-Gottheit dar all die Düfte, die herrühren aus der guten Zusammenstellung von Kampfer, Aloe, Muskatnuß und anderen (wohlriechenden Substanzen), nachdem ich sie in der dreifachen Weise zu *Gandhavajradevī* gemacht habe.
(Mantra)

Ich bringe der Zunge der Lama-Gottheit dar den Geschmack von Süß, Sauer, Bitter, Stark usw. der Nektar-Speisen, welche den vortrefflichen Körper stärken, nachdem ich sie in der dreifachen Weise zu *Rasavajradevī* gemacht habe.
(Mantra)

Ich bringe dem Körper der Lama-Gottheit dar das Wunsch-Gewand, das allein dadurch, daß es den Körper berührt, Glückseligkeit gewährt, und alle anderen berührbaren Dinge, nachdem ich sie in der dreifachen Weise zu *Sparśavajradevī* gemacht habe.
(Mantra)«[4]

Abb. 9

8 Die Vier harmonischen Brüder

Bei dieser Symbolgruppe handelt es sich um folgende vier Tiere:

Das Rebhuhn oder Haselhuhn *(goṅ-ma-sreg,* skr. *kapiñjala)*
Der Hase *(ri-boṅ,* skr. *śaśa)*
Der Affe *(spre'u,* skr. *kapi)*
Der Elefant *(glaṅ-po-che,* skr. *hastin)*

Die Fabel von den Vier harmonischen Brüdern ist im Kanon von *Vinayavastu ('dul-ba-gźi)*[1] wiedergegeben. Buddha *Śākyamuni* soll sie seinen Jüngern erzählt haben, um ihnen die Bedeutung des gegenseitigen Respekts und der Ausübung der buddhistischen Tugenden klarzumachen.

Die folgende kurze Wiedergabe von Panglung Rinpoche stammt aus seiner Bearbeitung der Erzählstoffe des *mūlasarvāstivāda-vinaya:*

»Einst lebten in einem Wald ein Rebhuhn, ein Hase, ein Affe und ein Elefant, die sich anfreundeten. Anhand eines Baumes ermittelten sie ihr jeweiliges Alter und entsprechend respektierten die jüngeren Tiere die älteren. Sie achteten das Gesetz und führten einen tugendhaften Wandel. Bald übernahmen alle Tiere ihr Verhalten und schließlich auch der König des Landes. Dadurch herrschte in dem Land Friede und Glück, was auch Indra lobte.

Ich war damals das Rebhuhn und *Śāriputra, Maudgalyāyana* und *Ānanda* waren die anderen Tiere.«[2]

Den Menschen durch solche Fabeln die Bedeutung von Einigkeit, Harmonie und Zusammenarbeit als wesentlichen Faktoren des Überlebens nahezubringen, ist offensichtlich ein tiefverwurzeltes Anliegen der verschiedenen Kulturen. Was vielleicht in Deutschland das Märchen von den Bremer Stadtmusikanten der Gebrüder Grimm ist, war früher in Indien und ist heute noch in Tibet und der Mongolei die außerordentlich beliebte Geschichte von den Vier harmonischen Brüdern. Mit der mongolischen Überlieferung dieser Fabel beschäftigt sich Klaus Sagaster im *Weißen Lotus des Friedens.*[3]

In der bildlichen Darstellung werden die Tiere immer als Pyramide gezeigt, mit dem Rebhuhn als Spitze, darunter dem Hasen, der von dem Affen getragen wird, welcher auf dem Elefanten sitzt. Ob man diese Pyramide nun als Abbild der Altersstufen oder Gesellschaftsklassen oder einfach der Kooperation ungleichartiger Individuen interpretiert, es sollen auf jeden Fall dem Betrachter die Vorteile des Zusammenwirkens zum allseitigen Nutzen deutlich vor Augen geführt werden.

Diese Darstellung wird als Glückssymbol auf Tempeltüren gemalt. Sie dient ferner als Tisch- und Bettschmuck, zur Verzierung von Gefäßen, Untertassen, Deckeln und Geldscheinen, schmückt Zeltwände und wird für Opferdarbringungen in Butter modelliert.

Abb. 9

9 Die Symbole des Sieges im Kampf gegen die Disharmonie

Bei den Symbolen des Sieges im Kampf gegen Disharmonie oder Unstimmigkeiten handelt es sich um drei mythische Tiere, die jeweils aus zwei einander feindlich gesinnten Tieren zusammengesetzt sind:

Der achtbeinige Löwe *(seṅge rkaṅ-pa brgyad-pa)*
Der »Fisch mit angewachsenen Haaren« *(ña spu rgyas-pa)*
Das *makara*-Krokodil *(chu-srin ma-ka-ra)*

Den Mythen zufolge sollen sie jeweils aus der Verbindung zweier rivalisierender Tiere hervorgegangen sein. Sie sollen nun im folgenden anhand der Angaben des Textes *grub-chen lū-i-pa'i lugs-kyi dpal 'khor-lo sdom-pa'i bskyed-rim he-ru-ka'i źal-luṅ* kurz beschrieben werden:

»Der achtbeinige Löwe ist der Sohn aus der Verbindung von *garuda* und Löwe. Er hat insgesamt den Körper eines Löwen, [jedoch] mit zwei Flügeln. An den Knien befinden sich Krallen...

Der ›Fisch mit angewachsenen Haaren‹ ist der Sohn von Fisch und Otter. Er hat insgesamt den Körper eines Fisches, [jedoch] mit den Haaren eines Otters...

Das *makara*-Krokodil ist der Sohn von Schnecke und Krokodil. Sein gesamter Körper ist fest wie ein Schneckengehäuse. Es gilt allgemein [auch] als ein Sohn aus der Verbindung von Krokodil, Drache und Schlange. Sein Schwanz bildet verschlungene Muster *(pa-tra)*.«[1]

In der künstlerischen Darstellung trägt im Gegensatz zum Text der Löwe immer einen Garuda-Kopf. Die Krallen an den Knien werden sehr selten abgebildet.

Der Fisch wird fast immer mit dem Körper eines Otters, jedoch einem Fischkopf und Flossen abgebildet.

Obwohl der tibetische Begriff *chu-srin* in der Sekundärliteratur immer mit »Krokodil« übersetzt wird, handelt es sich dabei in der sino-tibetischen Überlieferung eher um ein Fabeltier als um ein wirkliches Krokodil. Dementsprechend ist in der Darstellung das Schneckengehäuse kombiniert mit einem mähnentragenden Kopf, der von der Form her nur entfernt an ein normales Krokodil erinnert.

Unter den Siegeszeichen (siehe Seite 42) wurde ein Zeichen mit Tierapplikationen erwähnt, das im normalen tibetischen Sprachgebrauch als Banner *(ba-dan)*, in der klassischen tibetischen Literatur jedoch als Siegeszeichen *(rgyal-mtshan)* bezeichnet wird. Die Applikationen haben immer die Form der hier beschriebenen drei Tierpaare. Als Begründung für die Verwendung dieser Tiersymbole kann ich nur anführen, daß sie als starkes *tendrel* für die Verbreitung von Harmonie gelten, daß sie jeweils Kombinationen ursprünglich feindlicher Tiere darstellen. Die so verzierten Siegeszeichen werden auch »Siegeszeichen des Sieges im Kampf gegen die Disharmonie« *(mi-mthun g'yul-las rgyal-ba'i rgyal-mtshan)* genannt.

Diese Symboltiere werden außerdem dargestellt auf *thaṅga, tsakli,* als Wand- und Balkenmalereien, auf Zelten, Markisen, Tischen, Betten und Gefäßen für den religiösen und alltäglichen Gebrauch, als Butterornament für *gtorma* und als Darstellungen an Thronen.

Schlußwort

Damit beende ich nun meine Beschreibungen und Erklärungen zu den neun Symbolgruppen, bei denen ich mich soweit wie möglich auf die tibetische Originalliteratur gestützt und das dort vorgefundene Material durch Erläuterungen zur Verwendung dieser Symbole im tibetisch-buddhistischen Kulturkreis ergänzt habe. Selbst wenn man bedenkt, daß ich versucht habe, jedes einzelne Zeichen von verschiedenen Blickwinkeln her zu betrachten, bin ich mir doch sehr wohl der Tatsache bewußt, daß ich nicht mehr vermitteln konnte als ein paar einzelne Fäden eines einstmals dichtgeknüpften Netzes. Immerhin kann dieser kurze Abriß vielleicht Ausgangsbasis für weitere Untersuchungen sein. Vieles können wir nicht mehr beschreiben, weil die Informationsquellen versiegt und zerstört sind, es ist unwiderruflich verloren. Aber dennoch haben wir heute noch die Chance, eine authentische Verbindung zu einigen der überlieferten Ausdrucksformen eines tieferen Wissens herzustellen, falls wir den Mut haben, von verschiedenen Ebenen her an das Thema heranzugehen. Die Symbole können uns dabei als Stützpunkte dienen – dem Buddhisten für seine Praxis und dem allgemein Interessierten für ein erweitertes Verständnis, das auch für ihn selbst von Nutzen sein dürfte.

ANHANG

Anmerkungen

1 Die Acht Glückssymbole

1 Stutley, *A Dictionary of Hinduism,* S. 22; Moeller, *Symbolik des Hinduismus und des Jainismus,* S. 104, Abb. 85, S. 132, Abb. 110 und S. 134, Abb. 112; Liebert, *Iconographic Dictionary,* S. 26.
2 *'Phags-pa bkra-śis brtsegs-pa źes-bya-ba theg-pa chen-po'i mdo (Āryamaṅgalakūṭanāmamahāyānasutra),* S. 531a, 7.
3 Tsoṅ-kha-pa, *rje thams-cad mkhyen-pa tsoṅ-kha-pa chen-po'i bka'-'bum thor-bu,* S. 223a, 5.
4 'Brum-ston rGyal-ba'i 'byuṅ-gnas, *jo-bo-rje dpal-ldan a-ti-śa'i rnam-thar rgyas-pa yoṅs-grags,* S. 9a, 4.
5 Dagyab, *Tibetan Religious Art,* Part II, Plate 20.
6 Liebert, *Iconographic Dictionary,* S. 176.
7 Moeller, *Symbolik des Hinduismus und des Jainismus,* S. 12.
8 Kirfel, *Symbolik des Hinduismus und des Jainismus,* S. 122, S. 155.
Moeller, *Symbolik des Hinduismus und des Jainismus,* S. 124.
9 Stutley, *A Dictionary of Hinduism,* S. 136.
10 dGe-'dun rgya-mtsho, *rgyal-po chen-po rnam-thos-sras-la mchod-gtor 'bul-ba'i rim-pa dṅos-grub-kyi baṅ-mdzod,* S. 3a, 1.
11 Liebert, *Iconographic Dictionary,* S. 202, Stichwort ›*padma*‹.
12 Stutley, *A Dictionary of Hinduism,* S. 266.
13 Yoṅs-'dzin khri-zur Byaṅ-chub chos-'phel, *dpal-ldan stod-rgyud lugs-kyi rab-gnas dge-legs char-'bebs-kyi ṅag-'don phyogs-bsgrigs gsal-byed me-loṅ,* S. 26b, 5.
14 Liebert, *Iconographic Dictionary,* S. 186.
15 Moeller, *Symbolik des Hinduismus und des Jainismus,* S. 13.
16 Kirfel, *Symbolik des Hinduismus und des Jinismus,* S. 154.
17 Tsoṅ-kha-pa, *rje thams-cad mkhyen-pa tsoṅ-kha-pa chen-po'i bka'-'bum thor-bu,* S. 223a, 4.
18 dGe-'dun rgya-mtsho, *rgyal-po chen-po rnam-thos-sras-la mchod-gtor 'bul-ba'i rim-pa dṅos-grub-kyi baṅ-mdzod,* S. 3b, 5.

19 Liebert, *Iconographic Dictionary*, S. 51, Stichwort ›*cakra*‹ und S. 53 ›*cakravartin*‹.
20 Guṅ-thaṅ dKon-mchog bstan-pa'i sgron-me, *Khro-bcu'i bsruṅ-'khor rdo-rje'i go-khrab ṅar-ma'i rno-mtshon-daṅ bcas-pa*, S. 3a, 4.
21 Khri-byaṅ rin-po-che, *dga'-ldan khri-chen byaṅ-chub chos-'phel-gyi skye-gral-du rlom-pa'i gyi-na-pa źig-gis- raṅ-gi ṅaṅ-tshul ma-bcos lhug-par bkod-pa 'khrul-snaṅ sgyu-ma'i zlos-gar*, S. 210b, 3.
22 *'Phags-pa bkra-śis brtsegs-pa źes-bya-ba theg-pa chen-po'i mdo* (skr. *Aryamaṅgalakuṭanāmamahāyānasutra*), S. 531a, 7.
23 Es muß sich bei *lna* um einen Druckfehler handeln. Die richtige Silbe, die auch der Übersetzung zugrunde gelegt wurde, lautet *mṅa'*.
24 dGa'-ldan dar-rgyas gliṅ-gi chos-spyod-las mṅa'-'bul-skor bźugs-so.
25 Kirfel, *Symbolik des Buddhismus*, S. 22.
26 Yoṅs-'dzin khri-zur Byaṅ-chub chos-'phel, *dPlan-ldan stod-rgyud lugs-kyi rab-gnas dge-legs char-'bebs-kyi ṅag-'don phyogs-bsgrigs gsal-byed me-loṅ*, fol. 26b.
27 *bla-ma mchod-pa'i cho-ga-la brten-nas źiṅ-dam-par mkha'-'gro'i brtan-bźugs 'bul-tshul lhan-thabs-su bkod-pa bźugs-so*, fol. 7b.
28 ('Jam-dbyaṅs) Blo-gter dbaṅ-po, *mñam-med jo-bo chen-po-nas brgyud-pa'i rdo-rje mi-'khrugs-pa mchog-gi sprul-sku lha-dgu'i dbaṅ-tho las-sgrib rnam-sbyoṅ źes-bya-ba*. In: *rgyud-sde-kun-btus*, II, Textabb. 489–492. Das Zitat findet sich auf Textabb. 491–492.

/ bkra-śis gaṅ-źig mchod-pa'i lha-mo-ni /
/...phyag-na dpal-gyi be'u rab-'bar-ba /
/ bsnams-nas rgyal-ba'i thugs-la mchod-pa ltar /
/ thugs-la dpal-be'u'i bkra-śis thob-par-śog /...
/...phyag-na gser-gyi 'khor-lo 'od-'bar-ba /
/ bsnams-nas rgyal-ba'i źabs-la mchod-pa ltar /
/ źabs-la 'khor-lo'i bkra-śis thob-par śog /...
/ phyag-na padma dmar-po 'dab-brgyad-pa /
/ bsnams-nas rgyal-ba'i ljags-la mchod-par-ltar /
/ ljags-la padma'i bkra-śis...
/...phyag-na rin-chen rgyal-mtshan rab-mdzes-pa /

/ bsnams-nas rgyal-ba'i sku-la mchod-pa-ltar /
/ sku-la rgyal-mtshan...
/...phyag-na gdugs-bzaṅ gser-gyi yu-ba-can /
/ bsnams-nas rgyal-ba'i dbu-la...
/ dbu-la gdugs-kyi...
/...phyag-na rin-chen bum-pa rab-mdzes-pa /
/ bsnams-nas rgyal-ba'i mgul-la...

29 ('Jam-dbyaṅs) Blo-gter dbaṅ-po, *bcom-ldan-'das rdo-rje mi-'khrugs-pa'i dkyil-'khor-du slob-ma dbaṅ-bskur-ba'i cho-ga gźan-phan zla-snaṅ*. In: *rgyud-sde kun-btus*, II, Textabb. 464–488. Das Zitat findet sich auf Textabb. 482.
...'dab-ma brgyad-la śar-du padma-can dkar-mo g'yas dpal padma 'dzin-pa / lhor 'od-ldan-ma dmar-mo g'yas padma 'dzin-pa / nub-tu mdaṅs-ldan ma sṅon-mo g'yas gdugs 'dzin-pa / byaṅ-du dri-med-ma ljaṅ-khu g'yas duṅ 'dzin-pa / mer 'jigs-byed-ma dkar-mo g'yas 'khor-lo 'dzin-pa / srin-por rnal-'byor-ma sṅon-mo g'yas rgyal-mtshan 'dzin-pa / rluṅ-du dkar-śam-ma dmar-skya g'yas bum-pa 'dzin-pa / dbaṅ-ldan-du yid-gźuṅ-ma ljaṅ-khu g'yas gser-ña 'dzin-pa /...

30 Khri-byaṅ rin-po-che, *dga'-ldan khri-chen byaṅ-chub chos-'phel-gyi skye-gral-du rlom-pa'i gyi-na-pa źig-gis- raṅ-gi ṅaṅ-tshul ma-bcos lhug-par bkod-pa 'khrul-snaṅ sgyu-ma'i zlos-gar*,
fol. 107 a:
...yoṅs-'dzin stag-brag rdo-rje-'chaṅ srid-skyoṅ-du mṅa'-gsol gnaṅ-ba-bźin... bkra-śis rtags-rdzas-sogs 'bu-ba...
fol. 176b:
...g'yul-rgyal lhun-po'i-rtse'i rdzoṅ-chen-du goṅ-sa-mchog źabs-'khod-thog der bod-kyi gnas-skabs-kyi rgyal-sa mdzad-bźed-kyis tshom-chen-du ston-'khor tshaṅ-'dzoms-kyis rten-'brel mdzad-sgo rob-bsdus-śig mdzad-soṅ-ba'i bźugs-gral-du bcar-źin / yoṅs-'dzin gliṅ rin-po-che nas maṇḍal bśad-'bul-daṅ / phran-nas bkra-śis rdzas-rtags sogs tshigs-bcad-daṅ 'brel 'degs-'bul-źus...

2 *Die Acht glückbringenden Dinge*

1 Ratnaśīla, *rdo-rje rnam-par 'joms-pa źes-bya-ba'i [gzuṅs] dkyil-'khor-gyi lag-len go-rim ji-lta-ba źes-bya-ba* (skr. *Vajravidāraṇī-nāma-dhāraṇi-maṇḍala-prakriyā-yathākramanāma*), S. 215 Textabb. 4. 7.

2 Longdol Lama, *gsaṅ-sṅags rig-pa-'dzin-pa'i sde-snod-las byuṅ-ba'i miṅ-gi graṅs,* S. 33b, 1.

3 Paṇ-chen Blo-bzaṅ thub-bstan chos-kyi ñi-ma, *bkra-śis rdzas-rtags-kyi bśad-pa khag-cig,* S. 2b, 6.

4 Tsoṅ-kha-pa Blo-bzaṅ grags-pa, *dpal gsaṅ-ba 'dus-pa mi-bskyod rdo-rje'i dkyil-'khor-gyi cho-ga dbaṅ-gi don-gyi de-ñid rab-tu gsal-ba,* S. 50a, 3.

5 Yoṅs-'dzin khri-zur Byaṅ-chub chos-'phel, *dpal-ldan stod-rgyud lugs-kyi rab-gnas dge-legs char-'bebs-kyi ṅag-'don phyogs-bsgrigs gsal-byed me-loṅ,* S. 10a, 1.

6 Paṇ-chen Blo-bzaṅ thub-bstan chos-kyi ñi-ma, *bkra-śis rdzas-rtags-kyi bśad-pa khag-cig,* S. 2b, 6.

7 Pha-boṅ kha-pa Byams-pa bstan-'dzin 'phrin-las rgya-mtsho, *rnam-grol lag-bcangs-su gtod-pa'i man-ṅag zab-mo tshaṅ-la ma-nor-ba mtshuṅs-med chos-kyi rgyal-po'i thugs-bcud byaṅ-chub lam-gyi rim-pa'i nyams-khrid-kyi zin-bris gsuṅ-rab kun-gyi bcud-bsdus gdams-ṅag bdud-rtsi'i sñiṅ-po,* S. 208b, 4.

8 *Bod-ljoṅs, mTsho-sṅon, Zi-khron, Kan-su'u, Yun-nan, Sin-caṅ gi 'phrod-bsten-cu, Bod-sman-gyi tshad-gźi,* S. 22–25.

9 Monier-Williams, *A Sanskrit-English Dictionary,* S. 366.

10 Paṇ-chen Blo-bzaṅ thub-bstan chos-kyi ñi-ma, *bkra-śis rdzas-rtags-kyi bśad-pa khag-cig,* S. 3a, 6.

11 Yoṅs-'dzin khri-zur Byaṅ-chub chos-'phel, *dpal-ldan stod-rgyud lugs-kyi rab-gnas dge-legs char-'bebs-kyi ṅag-'don phyogs-bsgrigs gsal-byed me-loṅ,* S. 31a, 5.

12 Paṇ-chen Blo-bzaṅ thub-bstan chos-kyi ñi-ma, *bkra-śis rdzas-rtags-kyi bśad-pa khag-cig,* S. 3b, 2.

13 dto, S. 3b, 6.

14 Monier-Williams, *A Sanskrit-English Dictionary,* S. 486.

15 dto., S. 1196.

16 Paṇ-chen Blo-bzaṅ thub-bstan chos-kyi ñi-ma, *bkra-śis rdzas-rtags-kyi bśad-pa khag-cig,* S. 4a, 3.

17 dto., S. 4b, 1.

18 dto., S. 4b, 4.
19 Yoṅs-'dzin khri-zur Byaṅ-chub chos-'phel, *dpal-ldan stod-rgyud lugs-kyi rab-gnas dge-legs char-'bebs-kyi ṅag-'don phyogs-bsgrigs gsal-byed me-loṅ,* S. 6b, 6.
20 Paṇ-chen Blo-bzaṅ thub-bstan chos-kyi ñi-ma, *bkra-śis rdzas-rtags-kyi bśad-pa khag-cig,* S. 4b, 6.
21 Bod-rgya tshig-mdzod-chen-mo,
bgegs: Band 1, S. 467, *gnod-byed 'dre gdon gyi rigs*
gdon: Band 2, S. 1353, *mi min gyi gnod byed cig*
'dre: Band 2, S. 1427, *mi ma yin gyi bye brag cig*
bdud: Band 2, S. 1361, *sems can la gnod 'tshe daṅ dge ba la bar chad byed mkhen / 'dod lha rigs drug gi naṅ gses śig.*
22 Böhtlingk, *Sanskrit-Wörterbuch,*
bgegs: Band VI, S. 82,
gdon: Band II, S. 191,
'dre: Band IV, S. 86,
bdud: Band V, S. 70.
23 Sumatiratna, *Bod-'or-gyi brda-yig miṅ-gcig don-gsum gsal-bar byed-pa mun-sel sgron-me,* Band 1, S. 1067,
bdud-kyi sde-ni phyi-naṅ gsaṅ-ba'i bdud gsum-ste / phyi'i bdud-ni gdon-gzugs phyi-rol-tu śar-ba'i rgyal-po the'u-raṅ sogs-daṅ / naṅ-gi bdud-ni sgrib-pa-gñis /
24 Bla-ma rin-po-che ICe sgom-rdzoṅ-pa, *man-ṅag rin-po-che spuṅs-pa,* S. 194.
25 Guṅ-thaṅ dKon-mchog bstan-pa'i sgron-me, *bkra-śis rdzas-brgyad-kyi rnam-bśad bkra-śis dga'-ston,* S. 5a, 5.
26 Yoṅs-'dzin khri-zur Byaṅ-chub chos-'phel, *dpal-ldan stod-rgyud lugs-kyi rab-gnas dge-legs char-'bebs-kyi ṅag-'don phyogs-bsgrigs gsal-byed me-loṅ,* S. 31a, 1.
27 siehe Anm. 1.

3 Die Sieben Kostbarkeiten der Königsherrschaft

1 Ratnaśila, *Rdo-rje rnam-par-'joms-pa śes-bya-ba'i [gzuṅs] dkyil-'khor-gyi lag-len go-rims ji-lta-ba śes-bya-ba (Vajravidāraṇa-nāma-dhāraṇi-maṇḍala-prakriyā-yathākrama-nāma),* Textstelle.
'phrags-pa dam-pa'i-chos dran-pa ñe-bar gźag-pa (ārya saddharmānusmṛty upasthāna), S. 126.5.7.

2 *'phrags-pa dam-pa'i-chos dran-pa ñe-bar gźag-pa (ārya saddharmānusmṛty upasthāna)*, S. 126.5.7.
3 Liebert, *Iconographic Dictionary*, S. 53.
4 *'phags-pa dam-pa'i-chos dran-pa ñe-bar gźag-pa (ārya saddharmānusmṛty upasthāna)*, S. 126.4.7, 126.5.7.
5 *mṅon-par 'byuṅ-ba'i mdo (abhiniṣkramaṇa-sūtra)*, S. 6.5.6.
6 siehe Anm. 2.
7 Liebert, *Iconographic Dictionary*, S. 53.
8 Stutley, *A Dictionary of Hinduism*, S. 58.
9 *rgyu gdags-pa*, S. 63.2.4.
10 Monier-Williams, *A Sanskrit-English Dictionary*, S. 858, »*Yojana,... esp. a partic. measure of distance, sometimes regarded as equal to 4 or 5 English miles, but more correctly = 4 Krośas or about 9 miles; according to other calculations = 2½ English miles, and according to some = 8 Krośas...*«
11 *'phags-pa dam-pa'i-chos dran-pa ñe-bar gźag-pa (ārya saddharmānusmṛty upasthāana)*, S. 127.3.6.
12 Rigzin, *Tibetan-English Dictionary of Buddhist Terminology*, S. 69, »*rgyal-chen- ris-bźi,, rgyal-po chen-po bźi, catvāri, mahārājākayika / The four great kings; the four type of great kings:*
1. śar-du Yul-'khor-sruṅ, skr. *Dhṛtarāṣṭra in the east,*
2. lho-ru 'Phags-skyes-bu, skr. *Virūḍhaka in the south,*
3. nub-tu sPyan-mi-bzaṅ, skr. *Virupākṣa in the west,*
4. byaṅ-du rNam-thos-sras, skr. *Vaiśravaṇa or Kuvera in the north, the four celestial guardian kings of the four directions of Mount Meru, classified als belonging to desire realm.*«
13 Dagyab, *Tibetan Religious Art*, I, S. 114.
14 *rgyu gdags-pa*, S. 63.2.6.
15 Dagyab, *Bod-brda'i tshig-mdzod*, S. 85.
16 *'phags-pa dam-pa'i-chos dran-pa ñe-bar gźag-pa (ārya saddharmānusmṛty upasthāna)*, S. 127.2.2.
17 *rgyu gdags-pa*, S. 63.3.8.
18 *'phags-pa dam-pa'i-chos dran-pa ñe-bar gźag-pa (ārya saddharmānusmṛty upasthāana)*, S. 126.5.8.
19 *rgyu gdags-pa*, S. 63.4.1/3.
20 *'phags-pa dam-pa'i-chos dran-pa ñe-bar gźag-pa (ārya saddharmānusmṛty upasthāna)*, S. 128.1.2.
21 *rgyu gdags-pa*, S. 64.3.8.

22 *'phags-pa dam-pa'i-chos dran-pa ñe-bar gźag-pa (ārya saddharmānusmṛty upasthāna)*, S. 127.4.4
23 *rgyu gdags-pa*, S. 63.2.8.
24 Kirfel, *Symbolik des Hinduismus und des Jainismus*, S. 88.
25 *'phags-pa dam-pa'i-chos dran-pa ñe-bar gźag-pa (ārya saddharmānusmṛty upasthāna)*, S. 127.5.8.
26 *rgyu gdags-pa*, S. 63.3.6.
27 *maṇḍal-gyi khrid-yig dpag-bsam sñe-ṁa*, Textabb. 38.
28 *'phags-pa dam-pa'i-chos dran-pa ñe-bar gźag-pa (ārya saddharmānusmṛty upasthāna)*, S. 128.1.8.
29 *rgyu gdags-pa*, S. 63.4.4.
30 Stutley, *A Dictionary of Hinduism*, S. 178, Monier-Williams, *A Sanskrit-English Dictionary*, S. 775.
31 Liebert, *Iconographic Dictionary*, S. 168.
32 Yoṅs-'dzin khri-zur Byaṅ-chub chos-'phel, *dpal-ldan stod-rgyud lugs-kyi rab-gnas dge-legs char-'bebs-kyi ṅag-'don phyogs-bsgrigs gsal-byed me-loṅ*, S. 27a, 6.

4 *Die Sieben sekundären Kostbarkeiten*

1 *'phags-pa dam-pa'i-chos dran-pa ñe-bar gźag-pa (ārya saddharmānusmṛty upasthāna)*, S. 128.2.1.
2 *'phags-pa dam-pa'i-chos dran-pa ñe-bar gźag-pa (ārya saddharmānusmṛty upasthāana)*, S. 128.5.2.
3 *Longdol Lama, gsaṅ-sṅags rig-pa 'dzin-pa'i sde-snod-las byuṅ-ba'i miṅ-gi graṅs*, Textabb. 156.3.
4 *'phags-pa dam-pa'i-chos dran-pa ñe-bar gźag-pa (ārya saddharmānusmṛty upasthāna)*, S. 128.2.6.

5 *Die Sieben Juwelen*

1 Dagyab, *Tibetan Religious Art*, Part II, S. 30.
2 Waddell, *The Buddhism of Tibet*, S. 391.
3 Olschak/Wangyal, *Mystic Art of Ancient Tibet*, S. 45.
4 Longdol Lama, *gsaṅ-snags rig-pa 'dzin-pa'i sde-snod-las byuṅ-ba'i miṅ-gi rnam-graṅs*, Textabb. 157.1.

6 *Die Sechs [Zeichen] des langen Lebens*

1 Brag-ri rin-po-che, *rdo-rje-'chaṅ pha-boṅ kha-pa bde-chen sñiṅ-po dpal-bzaṅ-po'i phyag-bźes gtor-ma brgya-rtsa gtoṅ-tshul-gyi man-ṅag nag-'gros-su bkod-pa sku-gsum nor-bu 'dren-pa'i mchod-sbyin 'phrul-gyi śiṅ-rta,* Textabb. 512.1–519.6.

2 Paṇ-chen Blo-bzaṅ thub-bstan chos-kyi ñi-ma, *tshe-riṅ ljoṅs-drug-gi dpal-yon-la bstod-pa,* Textabb. 816–818.

7 *Die Fünf Qualitäten des Genusses*

1 Kun-dga' sñiṅ-po, *rgyud-kyi rgyal-po chen-po dpal gsaṅ-ba 'dus-pa'i rgya-cher 'grel-pa (śrīguhyasamājamahātantrarāja-ṭīkā),* S. 127.4.8.

2 Yoṅs-'dzin khri-zur Byaṅ-chub chos-'phel, *dpal-ldan stod-rgyud lugs-kyi rab-gnas dge-legs char-'bebs-kyi ṅag-'don phyogs-bsgrigs gsal-byed me-loṅ,* S. 27a, 4.

3 siehe Anm. 1.

4 Yoṅs-'dzin khri-zur Byaṅ-chub chos-'phel, *dpal-ldan stod-rgyud lugs-kyi rab-gnas dge-legs char-'bebs-kyi ṅag-'don phyogs-bsgrigs gsal-byed me-loṅ,* S. 27a, 5.

8 *Die Vier harmonischen Brüder*

1 *'dul-ba-gźi (Vinayavastu),* S. 312.4.5.

2 Panglung, *Die Erzählstoffe des Mūlasarvāstivāda-vinaya, analysiert aufgrund der tibetischen Übersetzung,* S. 78.

3 Sagster, *Der Weiße Lotus des Friedens,* S. 485, 498.

9 *Symbole des Sieges im Kampf gegen die Disharmonie*

1 A-khu Śes-rab rgya-mtsho, *grub-chen lu-i-pa'i lugs-kyi dpal 'khor-lo sdom-pa'i bskyed-rim he-ru-ka'i źal-luṅ,* S. 50a, 6.

Literaturverzeichnis

Böhtlingk, Otto, *Sanskrit-Wörterbuch* in kürzerer Fassung, Bd. I–VII, Graz 1959.

Dagyab, Loden Sherap, *Tibetan Religious Art.* Part I: Texts, Part II: Plates. Asiatische Forschungen 52, Wiesbaden 1977.

Kirfel, Willibald, *Symbol des Buddhismus,* Stuttgart 1959. Reihe: Symbolik der Religionen, herausgegeben von Ferdinand Herrmann, Bd. V.

Kirfel, Willibald, *Symbolik des Hinduismus und des Jainismus,* Stuttgart 1959. Reihe: Symbolik der Religionen, herausgegeben von Ferdinand Herrmann, Bd. IV.

Liebert, Gösta, *Iconographic Dictionary of the Indian Religions.* Leiden 1976. Reihe: Studies in South Asian Culture, Edited for the Institute of South Asian Archaeology, University of Amsterdam, by J. E. van Lohuizen-de Leeuw, Volume V.

Moeller, Volker, *Symbolik des Hinduismus und des Jainismus.* Tafelband, Stuttgart 1974. Reihe: Symbolik der Religionen, herausgegeben von Ferdinand Herrmann, XIX. Tafelband zu Bd. IV des Textwerkes.

Monier-Williams, Sir Monier, *A Sanskrit-English Dictionary.* Etymologically and philologically arranged with special reference to cognate Indo-European languages. New edition, greatly enlarged and improved. Oxford 1899, neu aufgelegt 1979.

Olschak, Blanche Christine, in Zusammenarbeit mit Geshé Thupten Wangyal, *Mystic Art of Ancient Tibet,* London 1973.

Panglung, Jampa Losang, *Die Erzählstoffe des Mūlasarvāstivāda-Vinaya, analysiert auf Grund der tibetischen Übersetzung,* Tokyo 1981. Reihe: Stud. Philol. Buddhica, Monograph Series, III.

Sagaster, Klaus, *Der Weiße Lotus des Friedens.* Zentralasiatische Studien, 12 (1978).

Stutley, Margaret und James, *A Dictionary of Hinduism,* Its Mythology, Folklore and Development 1500 B.C.–A.D. 1500, London, Melbourne and Henley 1977.

Suzuki, Daisetz T. (Hrsg.), *The Tibetan Tripitaka.* Peking edition. Reprinted under the Supervision of the Otani University, Kyoto. Bd. 1–45 *Bkaḥ-Hgyur.* Bd. 46–150 *Bstan-Hgyur.* Bd. 151 *Dkar-Chag.* Bd. 152–164 *Extra (Btsoṅ kha pa / Lcaṅ Skya).* Bd. 165–168 *Catalogue.* Tokyo-Kyoto 1955–1961.

Waddell, L. Austine, *The Buddhism of Tibet* or Lamaism with its mystic cults, symbolism and mythology, and in its relation to indian buddhism. Neuauflage, Cambridge 1967.

Tibetische Originaltexte

Tibetan Tripitaka wird mit TT abgekürzt. Die Angaben für TT finden Sie im Literaturverzeichnis unter Suzuki, Daisetz T.

Kun-dga' sñiṅ-po, *rgyud-kyi rgyal-po chen-po dpal gsaṅ-ba 'dus-pa'i rgya-cher 'grel-pa (śrīguhyasamājamahātantrarāja-ṭīkā)*, TT 4787, Vol. 84.

Khri-byaṅ rin-po-che, Blo-bzaṅ ye-śes bstan-'jin rgya-mtsho, *dga'-ldan khri-chen byaṅ-chub chos-'phel-gyi skye-gral-du rlom-pa'i gyi-na-pa źig-gis raṅ-gi- ṅaṅ-tshul ma-bcos lhug-par bkod-pa 'khrul-snaṅ sgyu-ma'i zlos-gar*, Öldruck des Khri-byaṅ bla-braṅ, New Delhi 1975.

Guṅ-thaṅ dkon-mchog-bstan-pa'i-sgron-me, *maṇḍal gyi khrid yig dpag bsam snye ma*. In: Gedan Sungrab Minyam Gyunphel Series, Vol. 36, *The Collected Works of Guṅ-thaṅ dKon-mchog-bstan-pa'i-sgron-me*, reproduced from the Lha-sa blocks by Ngawang Gelek Demo, Volume 4 (NGA), New Delhi 1973, Textabb. 5–49.

Guṅ-thaṅ dkon-mchog-bstan-pa'i-sgron-me, *bkra shis rdzas brgyad kyi rnam bshad bkra shis dga' ston*. In: Gedan Sungrab Minyam Gyunphel, Series, Vol. 39a, *The Collected Works of Guṅ-thaṅ dKon-mchog-bstan-pa'i-sgron-me*, reproduced from the Lha-sa blocks by Ngawang Gelek Demo, Volume 8 (JA), New Delhi 1975, Textabb. 110–143.

Guṅ-thaṅ dKon-mchog bstan-pa'i sgron-me, *khro-bcu'i bsruṅ-'khor rdo-rje'i go-khrab ṅar-ma'i rno-mtshon-daṅ bcas-pa*, Lhasa-Ausgabe, Erscheinungsdatum unbekannt.

dGa'-ldan dar-rgyas gliṅ-gi chos-spyod-las mṅa'-'bul-skor bźugs-so. In: *dGa'-ldan dar-rgyas gliṅ-gi chos-spyod*, Tibetische Originalausgabe aus bKra-śis lhun-po, Erscheinungsdatum unbekannt.

dGe-'dun rgya-mtsho, *rgyal-po chen-po rnam-thos-sras-la mchod-gtor 'bul-ba'i rim-pa dṅos-grub-kyi baṅ-mdzod*, Nach-

druck der Handschrift, herausgegeben vom rNam-rgyal grva-tshaṅ, Dharamsala 1969.
rgyu-gdags-pa (Kāraṇa-prajñapti), TT 5588, Vol. 115.
mṅon-par 'byuṅ-ba'i-mdo (Abhiniṣkramaṇa-sūtra), TT 967, Vol. 39.
'Jam-dbyangs Blo-gter-dbaṅ-po, *rgyud-sde kun-btus.* Texts Explaining the Significance, Techniques, and Initiations of a Collection of One Hundred and Thirty Two Mandalas of the Saskya-pa Tradition, Edited by 'Jam-dbyangs Blo-gter-dbang-po under the inspiration of his guru 'Jam-dbyangs Mkhyen-brtse'i-dbang-po. Reproduced photographically from the xylograph set of the Sde-dge edition belonging to Thartse Rinpoche of Ngor. I–XXIX. Delhi 1971.
('Jam-dbyaṅs) Blo-gter dbaṅ-po, *bcom-ldan-'das rdo-rje mi-'khrugs-pa'i dkyil-'khor-du slob-ma dbaṅ-bskur-ba'i cho-ga gźan-phan zla-snaṅg.* In: *rgyud-sde kun-btus,* II, Textabb. 464–488.
('Jam-dbyaṅs) Blo-gter dbaṅ-po, *mñam-med jo-bo chen-po-nas brgyud-pa'i rdo-rje mi-'khrugs-pa mchog-gi sprul-sku lha-dgu'i dbaṅ-tho las-sgrib rnam-sbyoṅ źes-bya-ba.* In: *rgyud-sde kun-btus,* II, Textabb. 489–492.
'dul-ba'i gźi (Vinayavastu). In: TT 1030,, Vol. 41.
ḥdul-ba gshi (Vinaya-vastu). In: TT 1030, Vol. 41.
The Sixth Paṇchen Lama Blo-bzaṅ-thub-bstan-chos-kyi-ñi-ma, *bkra-śis rdzas-rtags-kyi bśad-pa khag-cig.* In: *The Collected Works of The six Paṇchen Lama Blo-bzaṅ-thub-bstan-chos-kyi-ñi-ma,* reproduced from a print from the bKra-śis-lhun-po blocks by lHa-mkhar Yoṅs-'dzin Bstan-pa rgyal-mtshan, Vol. NA, New Delhi 1974.
The Sixth Paṇchen Lama Blo-bzaṅ-thub-bstan-chos-kyi-ñi-ma, *tshe-riṅ ljoṅs-drug-gi dpal-yon-la bstod-pa.* In: *The Collected works of the Sixth Paṇchen Lama Blo-bzaṅ-thub-bstan-chos-kyi-ñi-ma,* reproduced from a print from the bKra-śis-lhun-po blocks by lHa-mkhar Yoṅs-'dzin Bstan-pa rgyal-mtshan, Vol. KHA, New Delhi 1973.
Pha-boṅ-kha-pa Byams-pa bstan-'dzin-'phrin-las-rgya-mtsho, *rnam grol lag bcangs su gtod pa'i man ngag zab mo tshang la ma nor ba mtshungs med chos kyi rgyal po'i thugs bcud byang chub lam gyi rim pa'i nyams khrid kyi zin bris gsung rab kun gyi bcud*

bsdus gdams ngag bdud rtsi'i snying po, detailed presentation of the *Lam rim chen mo* of Rje Rin-po-che; written on the basis of Skyabs-rje Pha-boṅ-kha-pa Bde-chen-snying-po's lectures by the Ven. Khri-byang Rin-po-che in 1957. Reproduced from a tracing from a print on the Bkra-shis-chos-gling blocks. In: *Collected Works of Pha-boṅ-kha-pa Byams-pa-bstan-'dzin 'phrin-las-rgya-mtsho.* Reproduced under the guidance of the Ven- Khri-byaṅ Rin-po-che from the surviving manuscripts and prints from the Lhasa blocks by Chophel Legdan. Volume 11, New Delhi 1974.

Pha-boṅ kha-pa Byams-pa bstan-'dzin 'phrin-las rgya-mtsho, *bla-ma mchod-pa'i cho-ga-la brten-nas źiṅ-dam-par mkha'-'gro'i brtan-bźugs 'bul-tshul lhan-thabs-su bkod-pa bźugs-so,* Blockdruck des Council of Religious and Cultural Affairs, Dharamsala.

'phags-pa bkra-śis brtsegs-pa źes-bya-ba theg-pa chen-po'i mdo. (Āryamaṅgalakūṭanāmamahāyānasūtra). In: *gzuṅs-bsdus,* Bibliotheque Nationale, Paris, Fonds tibetain 492, fol. 874a–880b (benutzt nach einem Mikrofilm des Service photographique); beschrieben von Marcelle Lalou: *Catalogue du Fonds tibétain de la Bibliotheque Nationale.* IVme partie: I. Les mdo-maṅ. Paris 1931. (Buddhica. 2me serie: Documents. IV.), No. 200 (Seite 73).

ḥphags-pa dam-pahi chos dran-pa ñe-bar gshag-pa (ārya saddharmānusmṛty upasthāna). In: TT 953, Vol. 37.

Bod-ljoṅs, mTsho-sṅon, Zi-khron Kan-su'u,, Yun-nan, Śin-caṅ gi 'Phrod-bsten-cus nas bsgrigs, *Bod-sman-gyi tshad-gźi.* 1979 lo deb-gñis-pa. mTsho-sṅon mi-rigs dpe-skrun-khaṅ.

Bod-rgya tshig-mdzod chen-mo, unter Leitung von Kraṅ-dbyi-sun, zusammengestellt, Bad 1–3, Beijing 1984.

Dagyab (Brag-g'yab), L. S., *Bod-brda'i tshig-mdzod,* Tibetan Dictionary, Printed and Published by Rev. Lama L. S. Dagyab, Dharamsala 1966.

Brag-ri sprul-miṅ-pa blo-bzaṅ luṅ-rigs rgya-mtsho dbaṅ-rgyal, *rdo-rje-'chaṅ pha-boṅ kha-pa bde-chen sñiṅ-po dpal-bzaṅ-po'i phyag-bźes gtor-ma brgya-rtsa gtoṅ-tshul-gyi man-ṅag nag-'gros-su bkod-pa sku-gsum nor-bu 'dren-pa'i mchod-sbyin 'phrul-gyi śiṅ-rta.* In: *Collected Works of Pha-boṅ-kha-pa Byams-pa-bstan-'dzin-'phrin-las-rgya-mtsho.* Reproduced under the guidance of the Ven. Khri-byaṅ Rin-po-che from the surviving manuscripts and prints from the Lhasa blocks by Chophel Legdan, Volume 5, New Delhi 1973. Textabb. 500–528.

Bla ma rin po che lCe sgom rdzoṅ pa, *Man ṅag rin po che spuṅs pa.* Published by Mongolian Lama Guru Deva, New Delhi 1971.

'Brum-ston rGyal-ba'i 'byuṅ-gnas, *jo-bo-rje dpal-ldan a-ti-śa'i rnam-thar rgyas-pa yoṅs-grags.* In: *Kadam Pacho,* Part One, reproduced from Lhasa xylograph preserved in Sikkim Research Institute of Tibetology, Published by Director, Sikkim Research Institute of Tibetology, Gangtok, Calcutta 1977.

Tsepak Rigzin, *Tibetan-English Dictionary of Buddhist Terminology, naṅ-don rig-pa'i miṅ-tshig bod-dbyin śan-sbyar,* Published by the Library of Tibetan Works and Archives, New Delhi 1986.

Tsoṅ-kha-pa, *rje thams-cad mkhyen-pa tsoṅ-kha-pa chen-po'i bka'-'bum thor-bu.* In: *The Collected Works (gsuṅ 'bum) of the Incomparable Lord Tsoṅ-kha-pa Blo-bzaṅ grags-pa.* Reproduced from prints from the 1897 Lhasa old-źol (dga'-ldan-phun-tshogs-gliṅ) blocks, Volume 2, New Delhi 1978.

Tsoṅ-kha-pa, *dpal gsaṅ-ba 'dus-pa mi-bskyod rdo-rje'i dkyil-'khor-gyi cho-ga dbaṅ-gi don-gyi de-ñid rab-tu gsal-ba,* In: *The collected Works (gsuṅ 'bum) of the Incomparable Lord Tsoṅ-Kha-pa Blo-bzaṅ grags-pa.* Reproduced from prints from the 1897 Lhasa old-źol (dga'-Idan-phun-tshogs-gliṅ) blocks, Volume 5, New Delhi 1978.

Yoṅs-'dzin khri-zur Byaṅ-chub chos-'phel, *dpal-Idan stod-rgyud lugs-kyi rab-gnas dge-legs char-'bebs-kyi ṅag-'don phyogs-bsgrigs gsal-byed me-loṅ,* Blockdruck aus Lhasa, Mikrofilm Zentralasiatisches Seminar Bonn, nach dem Exemplar des rGyud-stod-grva-tshaṅ, Bomdila, Indien, Erscheinungsdatum unbekannt.

Ratnaśila, *rdo-rje rnam-par-ḫjoms-pa shes-bya-baḫi [gzuṅs] dkyil-ḫkhor-gyi lag-len_go-rim ji-ltta-ba shes-bya-ba (Vajravidāraṇā-nāma-dhāraṇi-manḍala-prakriyā-yathākrama-nāma),* TT 3765, Vol 79.

Longdol Lama, *gsaṅ-sṅags rig-pa-ḫdzin-paḫi sde-snod-las byuṅ-bahi miṅ-gi graṅs.* In: *The Collected Works of Longdol Lama,*

Part 1, 2. Reproduced by Lokesh Chandra from the collections of Prof. Raghu Vira, Śata-piṭaka series, Indo-Asian Literature, Volume 100, Textabb. 91–174, New Delhi 1973.

Sumatiratna, *Bod-hor-kyi-brda-yig-min-chig-don-gsum-gsal-bar-byed-pa-mun-sel-sgroṅ-me,* In: *Corpus scriptorum mongolurum* instituti linguae et litterarum comiteti scientiarium et educations altae reipublicae populi mongoli, Tomus VI, Oulanbator 1959.

A-khu Śes-rab rgya-mtsho, *grub-chen lū-i-pa'i lugs-kyi dpal 'khor-lo sdom-pa'i bskyed-rim he-ru-ka'i źal-luṅ,* Vol. KHA Blockdruck, Lhasa Źol Edition, 1943.